나보다 나를 더 사랑하시는 주님

맥스 루카도
/ 이정선 옮김

나보다 나를 더 사랑하시는 주님

GOD CAME NEAR

생명의샘

God Came Near
by MAX LUCADO

Copyright(C) 1987 by Questar Publishers, INC.
All right reserved(C) 1993 / Korean by spring of Life, Seoul, Korea

이 책의 한국어판 저작권은 Questar Publishers, INC.와의 독점 계약으로 도서출판 생명의샘에 있습니다.
저작권법에 의해 보호를 받는 저작물이므로 무단 전제와 무단복제를 금합니다.

"신실한 친구는 안전한 피난처라.
그런 친구를 얻은 자는
귀한 보물을 얻은 것과 같으니라."
에클레시아티쿠스 6:14

선생이여 우리가 예수를 뵈옵고자 하나이다
요 12:21

우리는 그의 크신 위엄을 친히 본 자라
벧후1:16

「맥스 루카도」의 책을 내면서

　맥스 루카도는 아직 젊은 작가이다. 그러나 그의 글은 이미 미국 기독교계 전역에 그 명성이 자자하다. 그가 책을 낼적마다 약속이나 한 듯이 매번 최고의 판매 부수를 기록하는 베스트셀러가 되곤 한다. 놀라우면서도 궁금한 일이 아닐 수 없다. 어떤 작가이기에? 그의 글에 어떤 신비로움이 있기에?

　누구든 그의 책을 하나라도 잡게 되면 그 의문은 풀리게 된다. 그의 글에는 결코 동떨어지지 않은 주변의 얘기, 우리의 얘기, 나의 얘기가 담겨 있다. 그러나 그 안에는 내 시야를 사로잡는, 내 내면을 사로잡는, 나아가 내 영혼을 사로잡는 강력한 그 무엇인가가 있다. 너무나 평범하고 단순한 것인데도 분명 무엇인가가 있다. 그것이 그의 글의 장점이다. 우리는 그것을 통찰(insight)이라고 부를 수 있을 것이다. 그의 글에는 온통 통찰이 숨쉬며, 통찰이 걸어다니며, 통찰이 노래한다.

    때론 그의 글을 읽으며 우화를 읽는 듯한 느낌이 든다. 그러다가 문득 드라마 대본을 읽는 듯한 기분도 든다. 아니 친구의 편지 같기도 하고… 혹은 칼럼 냄새도 난다. 그렇지도 않다. 분명 전체가 설교인 듯도 하다…그렇다. 하나가 아니다. 그의 글 안에는 온갖 문학 양식이 총망라되어 분주하게 운동하고 있다. 이른바 '문학의 오케스트라'라고나 할까. 때론 로맨틱한 솔로가, 때론 애잔한 플룻 독주가, 때론 진한 감동의 대합주가 쉴새 없이 여기저기서 쏟아져 나온다.

    우리의 놀라움은 거기서 그치지 않는다. 그의 글을 읽노라면 우리의 영혼이 평혼함을 느끼게 된다. 우리의 영혼이 격려받고, 우리의 영혼이 감격하고 있음을 느끼게 된다. 그리고 어느 사이 우리『그리스도』앞에 서 있는 우리 자신을 보게 된다. 그렇다. 그의 글은 단순한 글이 아니며, 단순한 베스트셀러가 아니다. 바로 그 분, 오직 그 분만을 보게 하는 데 맥스의 글의 모든 무게가 실려있다. 이른바 영혼을 위한 책, 영혼의 책이라고나 할까. 어떤 평론가의 얘기처럼 성경을 제외하고 그의 책만큼 그리스도를 만나게 하는 책은 또 없을 것이다.

    우리 출판사가 그의 글을 기쁨으로 출판하는 의미가 여기에 있다. 우리 출판사가 그의 글을 사명으로 출판하는 의미가 여기에 있다. 영혼을 구원하기 위해 『성경』이 있어야했고, 영혼을 격려하기 위해 『천로역정』, 『그리스도를 본받아』, 기타 많은 고전들이 있어 왔듯이 다시금 무디어져 가는 이 시대의 영혼들을 위해 그의 책들이 나왔다고나 할까? 여기에 그의 책들을 출판하는 우리 출판사의 사명과 당위성이 있는 것이다. 그의 글들은 곧 '현대의 고전'으로 평가받을 만하다. 그러나 그는 여전히 활동하고 있는 젊은 작가이다.

끝으로, 그의 글들을 출판하는 우리 출판사의 바람 역시 맥스 루카도의 바람과 같다. 그의 글들을 통해 우리의 영안이 회복되어 다시금 그 분을 볼 수 있게 되기를 바랄 뿐이다. 그것도 더 이상 사막의 신기루 속의 흔들거리는 영상이 아닌 가장 명료한 모습으로 말이다. 더불어 그의 글들로 말미암아 그리스도의 비밀이 선포되는 전도의 문이 더욱 열려지기를 그와 함께 기도할 뿐이다.

목차

❖ 「맥스 루카도」의 책을 내면서
❖ 그의 크신 위엄의 증인 · 15

제1부　**그의 성육신 · 23**

"말씀이 육신이 되어…"
24 · 도래
30 · 한 순간
35 · 육신 속의 불합리함
45 · 마리아의 기도
49 · 높은 가지로 올라가라
55 · 마리아에게 물어 보는 스물 다섯 가지 질문
58 · 크리스마스 밤

"우리 가운데 거하시매…"
63 · 목공소를 떠나다

69 · "나를 그냥 예수라고 불러 다오"
75 · 겨울의 여인들
83 · 예수의 탄식
90 · 죽음의 계곡

"은혜와 진리가 충만하더라"
99 · 두 나무 이야기
104 · 우연이 아니다
112 · 놀라움의 재발견

"우리가 그 영광을 보니…"
117 · 희망
122 · 영원한 찰나들
126 · 무엇을 보는가?

제2부 그를 닮아가기

"제자가…온전케 된 자는 그 선생과 같으리라"
130 · 망각의 하나님
137 · 현실 ― 회피할 것인가, 맞설 것인가?
145 · 벽장…속의 빛?

153 · 눈먼 야망

158 · 경고

166 · 아버지 날: 찬사

170 · 패밀리 세단

177 · 생각 없는 비방

182 · 어둠 속의 노래

190 · 얍복강의 진흙탕 속에서

197 · 교수형의 경험

203 · 카르멜리타

208 · 정상을 바라보며

그의 크신 위엄의 증인

> 가장 순수한 형태의 기독교는
> 오직 예수만을 바라보는 것이다.
> 가장 순수한 형태의 기독교 예배는
> 오직 우리가 바라보는 그 분을 닮아가는 것이다.
> 그의 크신 위엄을 바라보는 것,
> 그리고 그를 닮는 것,
> 그것이 기독교의 모든 것이다.

51년 동안 밥 에덴즈는 앞을 보지 못했다. 그는 아무것도 볼 수가 없었다. 그의 세계는 소리와 냄새만 무성한 블랙홀과 같은 곳이었다. 그렇게 그는 어둠의 50년을 살아 온 것이다.

그런 그가 이제 앞을 볼 수 있게 되었다.

숙련된 의사가 까다로운 수술을 행했고, 밥 에덴즈는 처음으로 뭔가를 볼 수 있게 되었다. 그리고 그에게 펼쳐진 세계 앞에 그는 완전히 압도되고 말았다. 그는 소리쳤다.

"나는 노란 색이 이렇게도……노랄 것이라고는 꿈에도 생각하지 못했습니다. 그는 소리쳤다. 나는 할 말을 잊었습니다. 노란 색을 보고 정말 놀랐어요. 하지만 내가 가장 좋아하는 색은 빨간 색입니다. 나는 빨갛다는 것이 그러하리라고는 전혀 생각지 못했습니다. 나는 달이 어떻게 생겼는지 볼 수 있습니다. 그리고 제트기가 긴 꼬리를 남기며 하늘을 가로질러 나는 것을 보는 것보다 더 멋진 일은 없습니다. 물론 해가 뜨는 것과 지는 것도 마찬가지입니다. 그리고 밤에는 하늘의 별들과 반짝이는 불빛들을 봅니다. 그 모든 것들이 얼마나 멋진 광경인지 당신은 결코 상상할 수 없을 것입니다."

맞는 말이다. 시력을 가지고 평생을 살아 온 우리는 시력을 갖게 된다는 것이 얼마나 놀라운 것인지를 이해할 수 없을 것이다.

그러나 바로 곁에 있는 것을 보지 못하고 평생을 살아가는 것은 비단 밥 에덴즈만이 아니다. 어떤 형태로든 대부분의 사람들은 소경과 같은 삶을 살고 있다. 놀랍지 않은가? 우리는 일생 동안 어떤 것을 곁에 두고 살고 있지만, 우리가 그것에 주의를 기울이지 않는 한 그것은 우리 삶의 일부가 되지 않는다. 만일 소경 된 눈을 뜨지 못한다면 우리의 세계는 어두컴컴한 동굴에 지나지 않는다.

  생각해 보라. 누군가가 무지개를 수천 번 보았다고 해서 그가 그 장엄함을 보았다고 말할 수는 없다. 정원 가까이 살면서도 꽃의 화려함에 주의를 기울이지 못할 수도 있다. 어떤 남자는 한 여자와 평생을 함께 살면서 단 한번도 그녀의 영혼을 살피지 못하고 지나가기도 한다.

  뿐만 아니라 온갖 선한 일을 하면서도 생명의 주관자 되신 이를 결코 보지 못하는 이들도 있다.

  정직하고 도덕적이 된다고 해서, 더 나아가 종교적이 된다고 해서 반드시 그를 보게 되는 것은 아니다. 천만의 말씀이다. 어쩌면 우리 역시 다른 사람들이 그에게서 본 것을 볼지도 모른다. 혹은 누군가가 그에 관해 말하는 것을 들을지도 모른다. 그러나 우리 자신의 시야로 그를 보게 되기까지 우리는 어두컴컴한 속의 모습만을 보고 있는 것이다. 그러면서 그를 보고 있다고 생각할는지도 모른다.

  당신은 그를 본 적이 있는가?

  당신은 그의 크신 위엄을 접한 적이 있는가? 그의 모습을 보게 하기 위해 당신의 그 준비된 마음에 말씀이 주어졌다. 그것은 한번도 들어보지 못한 어조로, 혹은 결코 생각지 못한 방법으로 그를 더 잘 보게 해주는 것이다. 누군가가 당신의 고통스러운 영혼을 어루만진다. 그것은 그로부터 보냄받은 자만이 할 수 있는 것으로 이제 그가 오셨다.

예수.

사람이셨던 분. 우뢰와 같은 권위를 가지고 말씀하셨으며, 어린아이와 같은 겸손함으로 사랑하셨던 햇볕에 그을린 갈릴리 사람.

하나님이셨던 분. 시간보다 앞서고 죽음보다 크시다고 하셨던 분.

종교의 허식은 사라지고, 신학의 안개는 걷혔다. 순식간에 주의 주장의 어두운 커튼이 열리고, 우리 자신의 무지한 죄악과 에고이즘은 지워졌다. 그리고 그 자리에 그가 서 있다.

예수.

당신은 그를 본 적이 있는가?

처음 그를 보았던 사람들의 반응은 제각각이었다.

"나의 주, 나의 하나님!"이라고 도마는 소리쳤다.

"나는 주님을 보았어요"라고 막달라 마리아는 외쳤다.

"우리가 그의 영광을 보니"라고 요한은 선언했다.

"그가 우리에게 말씀하실 때에 우리 속에서 마음이 뜨겁지 아니하더냐?"라며 엠마오로 가던 두 제자는 기뻐했다.

그러나 그것을 가장 제대로 표현한 자는 베드로 였다. "우리는 그의 크신 위엄을 친히 본 자라."

그의 크신 위엄. 유대의 지배자. 영원의 치솟는 독수리. 그 왕국의 사령관. 인간의 육체에 계시된 하늘의 모든 광채. 잠시 잠깐 보좌가 있는 방의 문이 열리고 하나님이 내려오셨다. 그의 크신 위엄이 나타난 것이다. 하늘이 땅에 닿았고, 그 결과 땅은 하늘을 알 수 있게 되었다. 놀라운 협력으로 인간의 육체가 신성을 받아들였다. 거룩함과 이 세상의 것이 서로 뒤얽혀졌다.

이 사람은 일반적인 개념의 메시아가 아니다. 그는 매우 독특한 자였다.

그는 자신을 신이라고 하면서도 로마의 하찮은 군인들이 그의 손에 못을 박도록 내버려 두었다.

그는 순결을 요구하면서도 회개한 매춘부의 권익을 옹호했다.

그는 사람들에게 자신을 따르라고 요구하면서도 그들이 그를 왕으로 추대하는 것을 거절했다.

그는 사람들을 세상 가운데로 보내면서도 단지 그들을 무릎 꿇는 것과 부활한 목수에 대한 기억으로 무장시켰다.

우리는 그를 단지 한 사람의 훌륭한 스승으로 간주할 수는 없다. 그를 소크라테스나 아리스토텔레스와 같은 부류의 사람으로 제한하기에는 그의 주장들이 너무나 터무니없다. 또한 그를 영원한 진리를 드러내기 위해 보냄을 받은 많은 선지자들의 범주에 넣을 수도 없다. 그 자신의 주장들이 그 가능성을 배제한다.

그렇다면 그는 누구인가?

함께 살펴보도록 하자. 그의 발자국을 따라가 보자. 그가 태어났던 캄캄한 방의 차갑고 딱딱한 바닥에 앉아 보자. 목공소에서 나는 톱밥 냄새를 맡아 보자. 갈릴리의 거친 길에서 나는 그의 샌달 소리를 들어 보자. 문둥병자의 치료된 상처를 어루만져 보면서 함께 고통을 나누어 보자. 우물가의 여인에 대한 그의 애정을 보면서 미소를 지어 보자. 지옥의 사탄이 내는 음험한 소리를 들을 때 몸을 움츠리자. 군중들의 찬미 소리와 더불어 우리의 소리를 높여 보자. 함께 그를 보도록 해 보자.

당신은 그를 본 지가 꽤 되었는가? 만약 당신의 기도가 진부한 것처럼 보인다면 그럴 것이다. 당신의 믿음이 떨고 있다면 그에 대한 당신의 시각은 흐려져 있을 것이다. 당신이 직면하고 있는 문제들을 헤쳐 나갈 능력이 없다면, 지금이야말로 그를 보아야 할 때이다.

한 가지 주의해야 할 것이 있다. 그의 크신 위엄을 본 사람에게는 무슨 일인가가 일어난다. 더욱 탐닉하게 된다. 그 왕을 한번이라도 언뜻 본 사람은 그를 더 보고 싶어하고 그에 관해 더 말하고 싶어하는 열망에 사로잡히게 된다. 더 이상 예배당 좌석만 차지하지 않게 된다. 잡동사니 종교로는 만족하지 않게 된다. 좋은 평판을 구하지도 않게 된다. 당신이 그의 얼굴을 한번 보기만 하면, 당신은 그를 다시 보게 되기를 영원히 사모할 것이다.

내게 기도 제목이 있다면, 그 위대하신 의사께서 이 책을 시력을 회복하는 섬세한 수술 도구로 사용해 주시기를 바라는 것이다. 이렇게 될 때 흐릿하던 것이 명백해지고 어두움은 사라질 것이다. 그때 그리스도께서는 더 이상 사막의 신기루 속을 걷는 흔들거리는 영상이 아닌 가장 좋은 친구의 얼굴로 나타나실 것이다. 그때 우리는 그의 못박힌 발 위에 우리의 얼굴을 묻고서 "나의 주, 나의 하나님"이라고 도마의 고백을 되풀이할 것이다.

더 나아가 우리는 이렇게 우주의 비밀을 속삭일 것이다.

"우리는 그의 크신 위엄을 친히 본 자라."

제 1 부 그의 성육신

"말씀이 육신이 되어
우리 가운데 거하시매
우리가 그 영광을 보니…
은혜와 진리가 충만하더라"
요 1:14

도래

그 마을에서는 평소보다 일찍 소동이 시작되었다. 날이 밝아오기 시작했을 때 사람들은 벌써 거리를 가득 메우고 있었다. 노점 상인들은 가장 붐비는 거리의 모퉁이에 자리를 잡느라 분주했고, 가게 주인들은 문을 열고 있었다. 아이들은 거리에서 짖어대는 개들과 수레를 끄는 당나귀들의 불평소리에 잠이 깨었다.

여관 주인은 그 마을에서 가장 먼저 잠에서 일어났다. 그 여관은 초만원이었으며, 사용 가능한 모든 매트와 담요는 이미 동이 났다. 곧 모든 투숙객들이 몰려들 것이고, 그렇게 되면 해야 할 일들이 너무나 많을 것이다.

한 가지 흥미로운 상상을 해 보자. 그것은 아침 식탁에서 여관 주인과 그 가족들의 대화 장면이다. 지난 밤에 도착했던 한 젊은 부부에 관해 말한 사람이 있었는가? 그 젊은 부부가 어떻게 밤을 지냈을지 관심을 나타낸 사람이 있었는가? 나귀를 타고 있던 그 젊은 여자의 임신에 관해 언급한 사람이 있었는가? 그랬을지도 모른다. 어쩌면 누군가가 대화 거리로 그것을 꺼냈는지도 모른다. 그러나 기껏해야 제기되었을 뿐, 토의 되지는 않았다. 그들에 관한 그 어떤 상세한 이야기도 없었다. 그 젊은 부부는 그날 밤 여관에서 거절당한 많은 가족들 중 하나에 불과했던 것이다.

더구나 그처럼 들뜬 분위기 속에서 누가 그들에 관해 이야기할 겨를을 가지기나 했겠는가? 아우구스투스가 인구 조사를 명령했을 때 그것은 베들레헴의 경제에 커다란 이익을 가져다 주는 일이었다. 그런 상업적인 좋은 기회가 그 마을에 들이닥쳤는데 누가 그 젊은 부부를 기억이나 했겠는가?

그렇다. 그 부부의 도착과 그 젊은 여자의 상태에 관해 관심을 가졌을 리가 만무하다. 그들은 너무나 바빴다. 하루가 시작되면서 그들은 그날 벌이를 위해 일을 해야만 했다. 아침에 끝내야 할 허드렛 일들이 그들을 재촉했다. 그들은 해야할 일이 너무나 많았기에 결코 그 부부에 대해 관심을 가질 수가 없었다.

하나님이 아기의 몸으로 이 세상에 오셨다.

그날 아침 베들레헴 변두리에 있는 마구간에서 그 특별한 광경을 목격한 사람들이 있었다.

그 마구간은 다른 모든 마구간들과 마찬가지로 악취가 코를 찔렀다. 양들의 배설물은 보통 고약한 것이 아닐 수 없었다. 바닥은 딱딱하고, 짚도 충분하지 못하다. 천장에는 거미줄이 매달려 있고, 쥐들이 더러운 바닥을 들락거렸다.

그보다 더 천한 출생지는 없었을 것이다.

한쪽 구석에는 몇 명의 목자들이 앉아 있다. 그들은 바닥에 조용히 앉아 있었는데, 어찌할 바를 몰라 당황해 하고 있거나 혹은 경이로움에 사로잡혀 있었을 것이다. 놀라고 있었던 것만은 틀림없다. 그들은 밤중에 양을 지키고 있었는데 하늘에서 비추인 빛줄기와 천사들의 합창에 그만 일손을 멈추고 있었다.

하나님은 그의 말씀을 들을 틈이 있는 이들에게 찾아오신다. 그렇기에 맑은 밤하늘 아래서 순수한 목자들에게 나타나셨던 것이다.

앳된 어머니 곁에 피로에 지친 아버지가 앉아 있다. 만약 누군가가 꾸벅꾸벅 졸고 있었다면, 바로 그였을 것이다. 마지막으로 편히 쉬었던 때가 언제였는지…… 흥분이 조금 가라앉고 마리아와 아기가 편히 쉬고 있는 지금에야 그는 마구간 벽에 기대고 앉아 눈꺼풀이 무거워지는 것을 느낀다. 그는 아직도 그 모든 것을 이해하지 못하고 있었다. 그 사건의 신비가 여전히 그를 혼란스럽게 하고 있다. 그러나 그는 그 문제와 씨름할 기력이 없다. 중요한 것은 아기가 건강하고 마리아가 무사하다는 사실이다. 잠이 쏟아지는 가운데 그는 천사가 일러준 이름…… "예수"라는 이름이 생각났다. "그 이름을 예수라 하라."

마리아는 의식을 회복했다. 오, 그녀는 얼마나 어려 보이는지! 그녀는 요셉의 안장 부드러운 가죽 위에 머리를 기댄 채 휴식을 취하고 있다. 경이로움으로 인해 고통은 이미 오래 전에 사라졌다. 그녀는 아기의 얼굴을 들여다본다. 그녀의 아들이며, 또한 그녀의 주, 그리고 신의 크신 위엄. 역사의 이 시점에서, 하나님이 누구이시며 또 그가 하시는 일이 무엇인지를 가장 잘 이해하고 있는 사람은 바로 냄새나는 마구간에 있는 이 십대 소녀이리라. 그녀는 아기에게서 눈을 뗄 수가 없다. 마리아는 자신이 하나님을 안고 있다는 사실을 어느 정도 감지하고 있는 것이다. **바로 이 아기가 그분이시다.** 그녀는 천사의 말을 떠올렸다. "그 나라가 무궁하리라."(눅 1:33).

그는 조금도 왕처럼 보이지 않는다. 그의 얼굴은 불그스레하다. 건강하고 튼튼하기는 하지만, 그의 울음소리는 연약한 갓난아기의 울음소리일 뿐이다. 그리고 그는 모든 것을 전적으로 마리아에게 의존하고 있는 것이다.

속세 한가운데 있는 크신 위엄이며, 양의 배설물로 더럽혀진 곳 속에 있는 거룩한 분이시다. 십대 소녀의 태를 통해서, 그리고 목수의 면전에서, 그것도 마굿간을 통해서 세상에 들어오셨던 것이다.

그녀는 하나님이신 아기의 얼굴을 만져 본다. **오늘이 오기까지 너의 여행이 얼마나 길었는지!**

이 아기는 우주를 돌보시던 분이시다. 그를 따뜻하게 감싸고 있는 누더기 옷들은 영원의 예복이었다. 그는 더러운 양의 우리를 위해 그의 황금 보좌를 버리셨다. 뿐만 아니라 그를 경배하는 천사들은 친절은 하나 어찌할 바를 모르는 목자들로 대치되었다.

그러는 동안 그 마을은 법석거린다. 장사꾼들은 하나님이 그들의 땅을 방문하셨다는 것을 전혀 알지 못했다. 여관 주인은 자신이 하나님을 차가운 바깥으로 내몰았으리라고는 전혀 상상도 하지 못했을 것이다. 그리고 사람들은 메시아가 그들의 마을 변두리에서 십대 소녀의 팔에 안겨 있다고 말하는 사람을 의당 비웃었을 것이다. 그런 일이 일어날 것이라고 생각하기에는 그들은 너무나 바빴다.

그날 밤 신의 크신 위엄이 도래했다는 것을 깨닫지 못한 사람들은 그들의 악한 행위나 악의 때문에 그런 것이 아니었다. 그들은 단지 보지 않고 있었기 때문에 깨닫지 못한 것이었다.

2천년이 지난 지금도 변한 것은 조금도 없지 않은가?

한 순간

그 모든 것은 한 순간에, 정말 가장 주목할 만한 한 순간에 일어난 일이었다.

시간이 지나면서 그 순간은 다른 때와 조금도 다를 것이 없는 것처럼 보였다. 만약 당신이 그 시간을 떼내어 분석할 수 있다면, 그것은 당신이 지금 이 책을 읽고 있는 동안에 흘러가고 있는 순간들과 똑같이 보일 것이다. 그 순간은 왔다가 그렇게 흘러갔다. 그 순간은 다른 많은 순간들 사이에 끼여 있었다. 그 순간은 시간이 존재해 온 이래 표시된 셀수 없이 많은 순간들 가운데 하나였다.

그러나 실제로 그 특별한 순간은 다른 어떤 순간과도 같지 않았다. 그 단 한 조각의 시간을 통해서 특별한 사건이 일어났다. 하나님이 인간이 되신 것이다. 지상의 피조물들이 깨닫지 못하고 지내고 있는 동안 하나님이 도래하셨다. 하늘은 스스로를 활짝 열고 자신의 가장 소중한 분을 인간의 태에 맡겼다.

전능하신 분이 한 순간에 자신을 깨어지기 쉬운 존재로 만드셨다. 영이신 분이 찔릴 수 있는 존재가 되셨다. 우주보다 크신 분이 태아가 되셨다. 그리고 말씀 한 마디로 세상을 부양하시는 분이 젊은 소녀의 양육에 의존하는 것을 선택하셨다.

태아가 되신 하나님.

태 속에 잠들어 계시는 거룩하신 분.

지음받으신 생명의 창조주.

하나님은 눈썹과 팔꿈치, 두 개의 콩팥, 그리고 하나의 비장(脾臟)을 갖게 되었고, 벽으로 둘러싸인 채 그의 어머니의 양수 속에 떠 있었다.

하나님이 가까이 오셨던 것이다.

그는 빛의 섬광과 함께 오시지 않았으며 가까이 할 수 없는 정복자로 오시지도 않았다. 한 시골 소녀와 졸고 있는 목수에게 자신의 첫 울음 소리를 터뜨리며 한 아기로서 오셨다. 그를 처음으로 만졌던 손은 매니큐어도 칠하지 않은, 굳은 살의 더러운 손이었다.

그에겐 비단도 없었고, 상아도 없었으며 예방 주사도, 파티도, 대소동도 없었다.

목자들이 아니었다면 아무런 영접도 없었을 것이다. 그리고 별들을 관찰하는 몇 사람이 아니었다면 아무런 선물도 없었을 것이다.

천사들은 마리아가 기저귀 채우는 것을 지켜보았다. 우주는 그 전능하신 분이 걸음마 배우는 것을 경이로운 눈빛으로 바라보았다. 아이들은 거리에서 그와 함께 뛰어놀았다. 그리고 나사렛의 회당 지도자는 자신의 설교를 들었던 그를 알고 있었다.

예수의 얼굴에는 여드름이 났는지 모른다. 그는 음치였는지도 모른다. 어쩌면 한 아가씨가 그를 짝사랑했거나 혹은 그 반대의 경우가 있었는지도 모른다. 그의 무릎은 뼈만 앙상했는지도 모르겠다. 그러나 한 가지 확실한 사실은 그는 완전한 신이셨으며, 완전한 사람이셨다는 것이다.

33년 동안 그는 당신과 내가 지금까지 느낀 모든 것을 느끼셨다. 그는 연약함을 느꼈고, 피로에 지치기도 했다. 그 역시 실패를 두려워했으며, 사랑에 빠지기도 했다. 그는 추위를 타기도 했고, 트림도 했으며, 땀냄새를 풍기기도 했다. 기분이 상하기도 했고, 다리가 아플 때도 있었으며, 두통에 시달리기도 했다.

이런 식으로 예수에 관해 생각한다는 것은 당치도 않은 것 같다. 그렇지 않은가? 이렇게 하는 것은 우리의 취향에 맞지 않으며, 마음 편한 일도 아니다. 성육신에서 인간성을 찾는 것이 훨씬 더 쉽다. 구유 주변에서 배설물들을 깨끗이 청소하라. 그의 눈에서 눈꼽을 닦아 내라. 그는 결코 코를 골거나 코를 풀지도 않았으며, 망치로 그의 손가락을 치는 일도 없었던 것처럼 생각하라.

그러나 그는 이런 방식에 화를 내실 것이다. 그의 신성을 유지하려다 보면 그를 멀게 느껴지도록 하고, 그를 포장하며, 그를 예측할 수 있게 하는 어떤 것이 따르게 된다.

그렇게 하지 말자. 하늘을 위해서 그렇게 하지 말자. 그가 의도했던 대로 그로 인간이 되게 하자. 그를 우리 세계의 진창과 쓰레기 더미 안에 있게 하자. 우리가 그를 그 안에 있게 할 때만이 그가 우리를 거기서 끌어내 주실 수 있기 때문이다.

그의 말에 귀를 기울여 보자.

"네 이웃을 사랑하라"는 말은 이웃들이 죽이려고 했던 바로 그 사람이 한 말이었다(막 12:30; 눅 4:29)

복음을 위하여 가족을 떠나라는 도전은 문간에서 자기 어머니에게 작별의 키스를 했던 사람에 의해 제기되었다(막 10:29).

"너희를 핍박하는 자들을 위하여 기도하라"는 말은 멀지 않아 자신을 죽이는 사람들을 용서해 달라고 하나님께 간구할 바로 그 입술에서 나온 말이었다.(마 5:44; 눅 23:34).

"내가 너희와 항상 함께 있으리라"는 말은 불가능한 일을 순식간에 당신과 나에게 완전히 가능하게 만드신 하나님의 말씀이다(마 28:20).

그 모든 것은 한 순간에 일어난 일이었다. 한 순간에, 가장 주목할 만한 순간에…… 말씀이 육신이 되셨다.

그런 순간이 한번 더 있을 것이다. 세상은 또 다른 순간적인 변화를 보게 될 것이다. 하나님께서는 사람이 되신 그분 안에서, 사람으로 하여금 하나님을 볼 수 있게 하셨다. 예수님은 집으로 가시면서 뒷문을 열어놓으셨다. 그 결과 "우리가 다 잠잘 것이 아니요…… 순식간에 홀연히 다 변화"할 것이다 (고 15:51, 52).

변화의 처음 순간은 세상이 알지 못하는 가운데 진행되었다. 그러나 두번째 순간은 그렇지 않으리라는 것에 당신은 내기를 걸어도 좋다. 이 다음에 당신이 "한 순간"이라는 말을 사용할 때는, 그것이 이 세상을 변화시키는데 걸리는 모든 시간이라는 사실을 기억하라.

육신 속의 불합리함

"당신 말은 하나님이 아기가 되셨다는 것이지요?"

그 질문을 제기한 사람은 혼란에 빠져 있었다. 그의 짙은 눈썹은 의심으로 주름져 있었고, 그의 가늘게 뜬 눈은 신중을 기하고 있었다. 앉을 자리가 없기도 했지만, 그는 앉으려고도 하지 않았다. 그는 군중들 뒤에 멀찍이 서서 자신이 듣고 있는 것을 믿지 못하면서도 흥미를 느끼고 있었다. 강의가 진행되는 동안, 그는 가끔 팔짱을 풀고 구렛나루가 난 턱을 어루만지면서 열심히 경청했다. 그러나 지금 그는 똑바로 일어서서 손가락으로 허공을 찌르면서 질문을 하고 있었다.

"그것도 마굿간에서 태어나셨다는 것입니까?"

그의 모습은 부근의 콜로라도 산맥에서 걸어 내려오기라도 한 사람처럼 꼭대기에 술이 달린 모자와 솜털 조끼, 나일론 정강이 받이, 등산화 등으로 무장을 하고 있었다. 그리고 그가 지금 들은 이야기가 산 속의 전설인지 아니면 복음의 진리인지를 솔직히 모르겠다는 듯이 말했다.

"예, 그것이 바로 내가 말하고자 하는 것입니다." 강사가 대답했다.

"그런 다음, 아기가 된 후에 그는 노동자 가정에서 자랐다는 말입니까? 그는 책을 한 권도 쓰지 않았고 사무실을 운영하지도 않았으면서 자신을 하나님의 아들이라고 불렀다는 말이죠?"

"그렇습니다."

질문을 받고 있는 강사는 하트비트 라디오 프로그램 진행자인 랜던 손더스였다. 나는 랜던처럼 나사렛 이야기를 하는 사람을 본 적이 없었다.

"그는 자기 나라 밖을 여행한 적도 없었고, 대학에서 공부를 한 적도 없었고, 왕궁에서 살지도 않았으면서 우주의 창조주로 여김을 받으려 했다는 말이죠?"

"맞습니다."

나는 그 대화에 약간 안절부절해졌다. 당시 나는 대학 1학년생으로 열렬히 충성을 다하는 열광주의자였다. 그 강의 시리즈의 자원 봉사자였던 나는 성경 구절들을 달달 외워서 그 복음의 6연발 권총으로 언제라도 응사할 준비가 되어있었다. 그러나 나는 구세주가 아닌 삶의 방식을 변호할 준비를 했었다. 즉 도덕과 교리, 천국과 지옥에 관해 논쟁할 준비가 되어 있었지, 한 인간에 관해 논쟁할 준비는 되어있지 않았다. 예수는 언제나 내가 그냥 받아들이는 분이었다. 따라서 그 같은 질문들은 나의 순진한 믿음에 너무나 당혹스러운 것이었다.

"그리고 십자가에 못박혔다는 이야기를 하셨는데…… 그러니까 그는 그 자신의 백성들에 의해 배반당했다는 말이죠? 그를 따르는 사람들 중 아무도 그를 보호하기 위해 오지 않았구요? 그리고 그는 잡동사니 도둑처럼 사형을 당했다는 건가요?"

"그것이 바로 요점입니다."

그 질문자는 결코 냉소적으로, 혹은 자기를 과시하려는 태도 없이 매우 진지했다. 오히려 그 반대로, 그는 자신에게 이목이 집중되는 것을 부담스러워하는 것 같았다. 많은 사람들 앞에서 말을 해본 경험이 없다는 것을 드러내기라도 하듯이 그의 태도는 매우 어색했다. 그러나 알고자 하는 그의 열망은 그의 불안보다 두 배나 강했기 때문에 그는 계속해서 질문을 했다.

"그리고 죽임을 당한 다음 남의 무덤에 장사되었다고 했나요?"

"예, 그는 자신의 무덤도 없었고, 그것을 살 만한 돈도 없었습니다."

그 대화의 솔직함은 청중들은 매혹시켰다. 나는 두 사람이 그 거룩하신 분에 대하여 기꺼이 질문과 대답을 주고받는 정말 흔하지 않은 광경을 목격하고 있있나. 여기 이 두 사람은 깊은 구렁의 양편에 각각 서서, 한 사람이 다른 사람에게 그들 사이에 놓인 다리가 정말로 신뢰할 수 있는 것인지를 묻고 있었다.

그가 주의 깊게 다음 질문을 할 때는 학생의 목소리에서 느낄 수 있는 감정이 섞여 있었다.

"그리고 기록된 대로 3일 후에 무덤에서 부활하여 5백 명이 넘는 사람들에게 나타났다는 말이죠?"

"예."

"그리고 이 모든 것은 하나님이 아직 그의 백성을 사랑하시고, 우리가 그에게로 돌아오는 길을 마련하신다는 것을 증거 한다는 말이죠?"

"그렇습니다."

나는 그 다음 질문이 어떤 것이 될지를 알았다. 그 강당에 있던 모든 사람들 역시 그것을 알았다. 그 질문은 제기되지 않고 넘어갈 수도 있는 것이었다. 내 마음 속 깊은 곳에서 나는 그 질문이 나오지 않기를 바라고 있었다.

"그 모든 것은 좀……" 그는 적당한 형용사를 찾느라 잠시 말을 멈추었다. **"그 모든 것은 좀 불합리하지 않습니까?"**

모든 사람들이 거의 동시에 고개를 돌려 랜던을 바라보았다. 딱 한 사람, 나만은 예외였다. 나는 고개를 돌려 새로운 각도에서 예수를 바라보았다. 기독교…… 불합리한가? 십자가에 달린 예수…… 불합리한가? 성육신…… 불합리한가? 부활……불합리한가? 나의 주일학교 시절의 예수는 게시판에서 떼어졌다.

랜던의 대답은 간단했다. "예, 나도 그것이 불합리하다고 생각합니다. 그렇지요?"

나는 그 대답이 마음에 들지 않았다. 조금도 마음에 들지 않았다. 그 친구에게 그것을 이해시키세요! 하늘의 섭리를 그림으로 그려서 보여 주세요. 성취된 예언들을 제시하구요. 구약의 성취를 설명하세요. 언약, 화목, 구속 등을 이해시키세요. 그가 하나님의 행위를 불합리한 것으로 묘사하는 것을 내버려두지 말란 말예요!

그때 나는 깨닫기 시작했다. 하나님이 행하신 일이 이해되었다. 인간이 하나님 앞에 나아가기 위해서는 그를 의롭게 하는 제물이 필요했기 때문에 예수께서 우리를 위한 제물이 되셨다는 것이 이해된다. 하나님께서 은혜를 필요로 하는 이스라엘을 가르치시는 데 구약을 사용하셨다는 것이 이해된다. 예수께서 우리의 대제사장이 되신다는 것도 이해되었다. 하나님이 행하신 일이 이해된다. 그것은 가르쳐질 수도 있고, 도표로 그려질 수도 있으며, 조직신학 책에 담겨질 수도 있다.

그러나 하나님이 그것을 행하신 이유는 절대적으로 불합리한 것이다. 누군가가 그 방법을 떠나서 그 동기를 조사한다면, 주의 깊게 쌓아 올린 논리의 벽돌들이 무너지기 시작할 것이다. 그런 형태의 사랑은 논리적이 아니다. 그것은 설교나 주제 논문을 통해서도 적절히 설명될 수 없는 것이다.

생각해 보라. 수천 년 동안 인간은 자신의 위트와 매력을 사용하여 하나님과 친구가 되려고 했다. 그러나 수천 년 동안 하나님을 높이는 것보다 낮추는 일을 했다. 뿐만 아니라 인간은 결코 하지 않겠다고 약속한 일들을 저질렀다. 그것은 큰 실수였다. 영웅들 가운데서 가장 거룩한 자라 할지라도 때때로 자신이 누구의 편에 있는가 하는 것을 잊어버렸다. 성경에 나오는 어떤 시나리오들은 여름성경학교를 위한 이야기보다는 신밧드의 모험과 더 비슷한 것처럼 보이기도 한다. 이러한 인물들을 기억하는가?

아론을 보자. 그는 모세의 오른팔이었으며 재앙의 목격자 였다. 또한 그는 홍해의 바닥을 걸어가는 자였으며 하나님의 거룩한 제사장이었다. 그러나 그렇게 거룩한 그가 이스라엘 사람들로 하여금 금송아지 앞에서 불을 피워 놓고 춤을 추도록 인도한 것은 어인 일인가?

야곱의 아들들을 보자. 그들은 이스라엘 지파의 선조들이며 아브라함의 증손들이었다. 그러나 그렇게도 특별한 그들이 어떻게 자신들의 어린 동생을 못살게 굴고 애굽으로 팔아 넘길 수 있는가?

다윗을 보자. 그는 하나님의 마음에 합한 사람이었으며 왕중의 왕이었다. 그는 거인을 때려눕혔으며 많은 노래를 지었다. 그는 또한 지붕 위에서의 목욕으로 인해 안경에 김이 서린 친구였다. 불행히도 그는 보지 말아야 할 광경을 보았으며 취하지 말아야 할 여자를 취하고 말았다.

삼손은 어떠했는가? 그는 들릴라의 무릎을 베고서 술과 향기, 그리고 부드러운 불빛에 취해 정신을 잃어가고 있었다. 삼손은 그녀가 더 편안한 뭔가를 갖다 놓을 것으로 생각했다. 그러나 그녀는 가위를 생각하고 있었다.

아담은 금단의 열매를 따먹은 수치를 무화과 잎으로 가렸다. 모세는 지팡이에 분노를 담아 휘둘렀다. 사울 왕은 하나님의 뜻을 알기 위해 수정 구슬을 들여다보았다. 노아는 그의 장막에서 술에 취해 벌거벗은 채 잠이 들었다.

이 사람들이 하나님의 선택을 받은 사람들인가? 이것이 메시아의 족보인가? 이들이 하나님의 사명을 수행하는 사람들인가?

거기서 불합리함을 발견하기는 너무나 쉬운 일이다.

왜 그는 포기하지 않으셨는가? 왜 그는 지구가 축을 따라 회전하는 것을 멈추게 하지 않으셨는가?

사람들이 그의 얼굴에 침을 뱉을 때에도 그는 여전히 그 사람들을 사랑하셨다. 선택된 민족이 성육신한 그의 육체를 발가벗기고 찢었음에도 불구하고 그는 그들을 위해 죽으셨다. 그리고 오늘날, 수억의 선택된 사람들이 권력과 명성과 부의 뚜장이 앞에서 매춘 행위를 하고 있는데도 그는 여전히 그들을 기다리고 계신다.

그것은 설명될 수 없는 일이다. 거기에는 한 방울의 논리나 한 올의 타당함도 없다.

그러나 복음을 가장 변호하는 것은 바로 그 불합리성이다. 오직 하나님만이 그렇게 사랑하실 수 있었기 때문이다.

나는 콜로라도의 그 호기심 많은 친구에게 어떤 일이 일어났는지 모른다. 그는 왔던 것만큼이나 빠르게 사라져 버렸다. 그러나 나는 그에게 빚을 지고 있다. 그는 나로 하여금 그때까지 전혀 보지 못했던 예수를 볼 수 있게 해 주었다.

처음에 나는 그를 인정하지 않았다. 사실 나는 비단처럼 고운 손을 가진 화사한 프록코트를 입은 누군가를 기대하고 있었다. 그러나 그는 사자(lion), 유대의 사자였다. 그는 신학과 의식의 밀림 속에서 걸어나와 몸에 묻은 것들을 털어냈다. 그의 발에는 상처가 있었고, 그의 갈기는 피로 얼룩져 있었다. 그러나 그에게는 숲에 부는 바람까지도 잔잔하게 하는 왕의 위엄이 있었다.

피로 얼룩진 왕의 위엄. 눈물을 흘리시는 하나님. 심장을 가지신 창조주. 하나님은 그의 자녀들을 구원하시기 위하여 세상의 조롱 거리가 되셨다.

그토록 고귀하신 분이 그토록 감사할 줄 모르는 영혼들

에게 보물을 나누어 주시기 위해 그토록 가난하게 되셨다는 것을 생각하면 얼마나 불합리한가!

그러나 그는 그렇게 하셨다.

사실, 그 선물보다 더 불합리한 것이 있다면 그것을 받지 않으려고 하는 우리의 고집이다.

마리아의 기도

하나님. 오! 아기 하나님. 하늘의 가장 아름다운 아이. 신의 은총과 인간의 수치가 연합하여 잉태된 아가야. 잘 자거라.

잘 자거라. 다이아몬드처럼 빛나는 이 밤의 고요함에 잠겨. 잘 자거라, 이제 곧 분노의 열기가 끓어오르리라. 구유의 고요함을 즐겨라. 훗날 혼란과 소동이 요란할 것이니. 내 팔에 안겨 달콤한 평안을 맘껏 누려라. 너를 보호하지 못할 날이 곧 이르리니.

잘 쉬거라, 너의 작고 어여쁜 손이여. 왕의 신분이면서도 너는 비단이나 황금을 취하지 않으리라. 펜이나 붓도 잡지 않으리라. 너의 손은 더 소중한 일을 위해 준비되어 있나니.

문둥병자의 터진 상처를 어루만지고
과부의 지친 눈물을 닦아 주며
겟세마네 동산에 엎드릴 것이라.

오늘밤 꼭 주먹 쥐고 있는 작고 부드러운 하얀 손. 그것은 홀을 잡지도 않을 것이며 왕궁 발코니에서 백성을 향해 흔드는 일도 없으리라. 그 손은 대못으로 로마의 십자가에 잔혹하게 박히기 위해 예정된 것이니.

깊이 잠들거라, 작고 어여쁜 눈이여. 지금은 잘 수 있는 시간이니, 잠시 후면 흐릿하던 눈이 밝아지고 너는 우리로 인해 엉망이 된 너의 세상을 보게 되리라.

너는 우리의 벌거벗음을 보리니, 이는 숨기지 못함을 인함이요

너는 우리의 욕심을 보리니, 이는 베풀지 못함을 인함이요.

너는 우리의 고통을 보리니, 이는 치료받지 못함을 인함이라.

오. 지옥의 가장 깊은 구렁과 그곳의 흉칙한 지배자를 보게 될 눈이여, 자거라, 편히 자거라, 지금은 잘 수 있는 시

간이니.

 가만히 다물고 있거라 작고 어여쁜 입이여. 그 입에서 영원히 발해지리니 가만히 다물고 있거라. 멀잖아 죽은 자들을 불러 낼 너의 작고 어여쁜 혀.
 그것은 은혜를 밝힐 것이며
 우리의 어리석음에 대해선 침묵할 것이라.
 장미 같은 입술이여, 너를 믿는 자들에게는 용서의 키스가, 너를 부인하는 자들에게는 죽음의 키스가 너 위에 있구나. 가만히 다물고 있거라.

 그리고 내 손에 감싸인 작고 어여쁜 발이여, 편히 쉬거라. 네 앞에 많은 어려운 걸음들이 놓여 있기 때문이니.
 네가 가게 될 행로의 흙먼지를 느끼고 있니?
 네가 걷게 될 차가운 바닷물을 느끼고 있니?
 네가 당할 못질에 뒤틀리고 있니?
 사단의 세계로 내려가는 나선 모양의 계단에 두려워하고 있니?
 편히 쉬거라. 작고 어여쁜 발이여. 내일 힘있게 나아가기 위해 오늘은 편안히 쉬거라, 편히 쉬거라, 수많은 이들이 네 뒤를 따를 것이기 때문이니.

제 1 부 그의 성육신

그리고 너의 작은 심장…… 거룩한 심장이여…… 너는 온 만물에 생명의 피를 공급하는구나. 우린 얼마나 수없이 너를 깨뜨리게 될지.

너는 비난의 가시에 찔리리라.

너는 우리의 죄의 암에 황폐해지리라.

너는 스스로의 슬픔에 짓눌려지리라.

그리고 너는 우리의 거절의 창에 찔리리라.

그러나 그 찔림 속에서, 근육과 살의 그 찢김 속에서, 물과 피를 마지막 쏟는 속에서 너는 안식을 찾으리라. 너의 손은 자유하게 될 것이며 너의 눈은 의를 보리라. 너의 입술은 미소를 지을 것이며 너의 발은 너를 네 처소로 인도해 들이리라.

그리고 거기서 너는 다시 편안히 쉬리라. 이번에는 너의 영원한 아버지 품 안에서.

높은 가지로 올라가라

요셉은 나무 가지에 든든히 앉아 있었다. 그 가지는 두껍고 튼튼해서 사람이 앉기에 안성맞춤이었다. 그 가지는 너무나 튼튼해서 폭풍이 불어도 안전했으며 웬만한 바람에는 흔들리지도 않았다. 정말이지 그 가지는 아무런 위험도 없고 견고했으며, 따라서 요셉은 거기서 떠날 생각이 없었다.

그는 높은 가지로 올라가라는 말을 들을 때까지 그렇게 하고 있었다.

현재의 가지의 안주한 채 그는 하나님이 올라가라고 하시는 높은 가지를 보았다. 그는 지금까지 그렇게 가느다란 가지를 본적이 없었다.! "저기에는 있을 자리가 없어!" 그는 혼자서 중얼거렸다. "저기에는 앉을 자리가 없어. 비바람을 막아 주는 것도 없고. 저 흔들리는 가는 가지에 매달려 어떻게 잠을 잘 수 있겠어?" 그는 약간 뒤로 물러나 나무에 몸을 기대고는 그 상황을 곰곰이 생각해 보았다.

상식은 그에게 그 높은 가지에 올라가지 말라고 말했다. "성령으로 잉태되었다구? 그만해 둬!"

자기 방어 역시 그만 두라고 말했다. "누가 내 말을 믿겠어? 우리 가족들이 뭐라고 생각하겠어?"

안락함도 그에게 그만 두라고 했다. "나는 단지 정착해서 가정을 꾸려나가려던 참이라구."

자존심도 그에게 그만 두라고 했다. "혹 내가 그런 이야기를 믿기를 그녀가 바란다면 모르거니와……"

그러나 하나님은 그에게 그래야 한다고 말씀하셨다. 그리고 바로 그것이 그를 괴롭혔다.

그것이 괴로웠던 것은 지금까지의 형편이 만족스러웠기 때문이었다. 나무 몸통 곁의 삶은 좋았다. 현재의 가지는 매우 커서 편안하게 앉기에 충분했다. 그는 다른 가지에 앉아 있는 수십 명의 사람들 가까이에 있었으며, 그 나무 공동체를 형성하는 데 크게 기여를 했다. 무엇보다도 그는 병자들을 위문하기 위해 북부 가지 병원을 정기적으로 방문

하지 않았던가? 그리고 그는 나무 합창단에서 제일가는 테너 가수가 아니었던가? 뿐만 아니라 "우리 나무 가족"이라는 적절한 제목의 종교적 유업에 대한 그의 강의는 또 어떠했는가? 틀림없이 하나님은 그가 떠나는 것을 원하지 않으셨을 것이다. 그는…… 그러니까 그는 여기에 뿌리를 내린 자였다.

뿐만 아니라 그는 어떤 종류의 사람들이 높은 가지에 올라가는지를 잘 알고 있었다. 바로 급진주의자, 극단주의자, 자유주의자들이다. 즉 언제나 극단으로 치닫는 사람들이다. 언제나 문제를 유발시키는 사람들이다. 머리에는 항상 기괴한 열매를 찾으려는 엉뚱한 생각으로 가득차 있는 친구들이다. 어쨌든 안정된 사람들이란 가정 가까이에 머물 줄 아는 사람들이다.

당신도 어쩌면 요셉과 같은 입장인지 모른다. 당신은 그가 어떤 기분인지 안다. 왜냐 하면 당신도 경험한 사실이기 때문이다. 당신 역시 높은 가지로 올라가라는 부르심을 받은 적이 있기에 슬그머니 웃고 있으리라. 당신은 한쪽 발로는 당신 자신의 의지를 딛고, 다른 발로는 그의 의지를 딛고 서 있음으로 인한 불균형이 어떤 것인지를 잘 알고 있다. 당신 역시 더 꼭 붙잡으려고 손톱까지 사용하여 버둥거린 적이 있다. 변화가 진행중인 것을 깨달았을 때, 당신은 근심으로 인해 속이 조마조마 했던 것을 너무나도 잘 알고 있다.

어쩌면 지금 변화가 진행중인지도 모른다. 혹은 결단하는 중에 있는지도 모르겠다. 그것은 혼란스러운 것임에 틀림없다. 당신은 현재의 가지를 좋아한다. 당신은 그것에 익숙해 있으며 그것은 당신에게 익숙해 있다. 그리고 요셉처럼 당신은 멋진 가지에 앉아 있는 성공한 사람이 되었다. 그러나 당신은 이런 부르심을 듣는다. "나는 네가 높은 가지에 올라가는 것을 원한다." 그리고 다음과 같은 요청을 접하게 된다.

"……일어서라. 어떤 지역 교회들은 반 외설 잡지 캠페인을 벌이고 있다. 그들은 자원 봉사자들을 필요로 한다."

"……이사를 가라. 네 가족을 데리고 외국으로 이사를 가라. 나는 너를 위한 특별한 계획을 가지고 있다."

"……용서하라. 먼저 상처를 입힌 것이 누구인가 하는 것은 문제가 되지 않는다. 문제는 네가 가서 다리를 놓는 일이다."

"……복음을 전하라. 아래 블럭에 새로 이사온 가족이 있지 않느냐? 그들은 이 마을에서 아는 사람이 아무도 없다. 가서 그들을 만나라."

"……희생하라. 그 고아원은 이 달에 상환해야 할 채무가 있는데, 그것을 갚을 길이 없다. 너는 지난 주에 보너스를 받지 않았느냐?"

그 부르심에도 불구하고, 결과는 마찬가지다. 즉 내란이 일어나는 것이다. 당신의 마음은 "예"라고 말하지만, 당신의 발은 "아니오"라고 말한다. 가을 바람에 떨어지는 낙엽만큼이나 많은 변명들이 쏟아져 나온다. "나는 그런 재능이 없어요." "다른 누군가가 해야 할 것 같군요." "지금은 안돼요. 내일 할께요."

그러나 결국 당신은 벌거벗은 나무를 주시하며 어려운 선택을 해야만 한다. 그의 뜻이냐, 나의 뜻이냐?

요셉은 그 분의 뜻을 선택했다. 사실상 선택의 여지가 없었다. 요셉은 주인의 뜻을 거부하기보다 미지의 길을 선택하는 것이 더 낫다는 것을 잘 알고 있었다. 그래서 굳게 결심을 하고 그는 높은 곳에 있는 작은 가지를 잡았다. 입술을 굳게 다물고 눈은 결의로 빛나는 가운데, 그는 또 한 손을 내밀었다. 오직 하나님에 대한 믿음을 안전망으로 삼고 공중에 매달렸던 것이다.

모든 일이 밝혀졌을 때, 요셉의 두려움이 옳았다는 것이

증명되었다. 삶은 전처럼 편안하지 않았다. 그가 붙잡았던 높은 가지는 정말 가냘픈 것이었다. 메시아가 마리아에게서 태어나 그의 집에서 길리워야 했다. 그는 그 아기가 처녀에게서 태어나도록 하기 위해 9개월 동안 독방 신세를 졌다. 뿐만 아니라 그의 아내가 해산할 수 있도록 양들을 몰아내고 여물통을 깨끗이 청소해야 했다. 그리고 그는 도망자가 되어야 했다. 애굽말을 알아들으려 애쓰면서 그는 그곳에서 2년이라는 세월을 보냈다.

때로는 그 높은 가지가 바람에 심하게 흔들리기도 했다.

그러나 요셉은 눈을 꼭 감은 채 그것을 붙잡았다.

그런 중에서도 당신은 한 가지 사실을 확신할 수 있다. 그는 결코 그것을 후회하지 않았다는 것이다. 그의 용기에 대한 보상이 달콤하게 주어졌다. 하늘에서 온 그 아장아장 걷는 아이의 얼굴을 들여다보았을 때 요셉은 또 한번이라도 기꺼이 그 일을 행했을 것이다.

당신은 하나님을 위하여 높은 가지로 올라가라는 부르심을 받았는가? 그것은 결코 쉬운 일이 아니다. 높은 가지에 올라간다는 것이 쉬웠던 적은 한번도 없었다. 요셉에게 물어보라. 아니, 더 잘 알고 싶으면 예수께 물어 보라.

그는 나무에 매달리는 고통을 어느 누구보다 잘 알고 계신다.

마리아에게 물어 보는 스물 다섯 가지 질문

그가 기도하는 것을 보았을 때 어떠했는가?

회당에서 예배가 진행되는 동안 다른 아이들이 장난치는 것을 보았을 때 그는 어떤 반응을 보였는가?

무지개를 보면서 그가 홍수에 관해 말한 적이 있는가?

그에게 그가 어떻게 세상을 창조했는지를 가르치면서 거북스럽게 느끼지는 않는가?

양이 도살장으로 끌려가는 것을 보았을 때, 그는 다르게 행동했는가?

당신이 들을 수 없는 누군가의 목소리를 듣기라도 하는

것처럼 그가 먼 곳을 응시하는 것을 본 적이 있는가?

장례식에서 그는 어떤 태도를 취했는가?

당신의 기도의 대상인 그 하나님이 당신과 한 지붕 아래 잠들어 있다는 생각을 한 적이 있는가?

그와 함께 별들을 세어 보려고 한 적이 있으며…… 그리고 성공했는가?

그가 얻어맞아 눈에 멍이 들어 집에 돌아온 적이 있었는가?

맨 처음 이발을 했을 때 그는 어떻게 행동했는가?

그에게 유나라는 이름을 가진 친구가 있었는가?

그는 학교에서 공부를 잘했는가?

그를 꾸짖은 적이 있었는가?

그는 성경에 관한 질문을 한 적이 있었는가?

자신이 만든 육체를 돈을 받고 파는 창녀를 보았을 때 그가 무슨 생각을 했다고 보는가?

누군가가 그에게 정직하지 않게 대할 때 그는 화를 냈는가?

그가 한 줌의 흙을 쥐고서 서글프게 자기 육신을 바라보는 것을 본 적이 있는가?

그가 자다가 무서워 깬 적이 있는가?

그의 가장 친한 친구는 누구였는가?

누군가가 사탄에 관해 말할 때 그는 어떤 태도를 취했는가?

얼떨결에 그를 아버지라고 부른 적은 없는가?

그와 그의 사촌 요한은 어렸을 때 무슨 이야기를 나누었는가?

그의 형제 자매들은 무슨 일이 일어나고 있는지를 이해했는가?

하나님이 내가 만든 음식을 드시고 있다고 생각한 적이 있는가?

크리스마스 밤

크리스마스 밤이다. 집안은 조용하다. 난로에서 불타는 소리조차 들리지 않는다. 뻘건 숯덩이들이 마치 등대의 불빛마냥 캄캄한 실내를 비추고 있다. 굴뚝에는 텅빈 양말들이 매달려 있고, 구석에는 나무가 벌거벗은 채 서 있다. 크리스마스 카드와 장식, 그리고 기념품들, 그것들은 크리스마스 중에도 특히 크리스마스 밤을 생각나게 한다.

크리스마스 밤이다. 얼마나 특별한 날이었던가! 향기로운 차, 산타클로스, 멋진 음식이 있는 날. "정말 고마워요." "이러실 것까지 없는데요!" "할머니는 전화 받으시는 중이에요." 무릎까지 빠지는 포장지 더미. "정말 꼭 맞아요." 터지는 카메라 후래쉬.

크리스마스 밤이다. 딸들은 잠이 들었다. 젠나는 새 지갑을 꼭 껴안고서 그녀가 말한 빅 버드(미국 TV의 유치원프로인 Seasame Street에 나오는 크고 노란 새: 역자 주) 꿈을 꾸고 있다. 안드레아는 산타 할아버지가 준 그녀의 새 파자마를 입고 잠이 들었다.

크리스마스 밤이다. 어제까지만 해도 땅에 뿌리를 내리고 자라던 나무가 각종 장식물을 매단 크리스마스 트리가 되어 서 있다. 선물들은 이제 각자의 소유물이 되었다. 포장지는 한데 묶여 쓰레기더미에 던져졌다. 접시들은 닦여지고, 남은 칠면조 고기는 다음 주의 샌드위치에 사용될 것이다.

크리스마스 밤이다. 캐롤을 부르는 사람의 마지막 모습이 10시 뉴스에 나왔다. 마지막 애플 파이는 처남이 먹었다. 크리스마스 노래 중 마지막 것은 예년처럼 케케묵은 화이트크리스마스, 빨간 코 사슴 등이 의무적으로 연주되었다.

크리스마스 밤이다.
자정을 알리는 시계의 종소리가 울렸고 잠자리에 들 시간이다. 그러나 나는 이렇게 깨어 있다. 나는 한 가지 근사한 생각 때문에 잠을 못이루고 있는 것이다. 이번 주에는 세상이 달랐다. 잠시나마 변했던 것이다.

크리스마스의 마법의 가루가 우리에게 가치 있는 것이 무엇이며 어떤 사람이 되었어야 할 것인가를 상기시키면서, 잠깐이나마 사람들의 얼굴에 행복을 가져다 주었다. 우리는 싸워야 하고, 이겨야 하고, 무엇인가를 좇아야 한다는 강박관념에서 벗어났다. 뿐만 아니라 사닥다리와 장부를 치우고 스톱 워치와 무기들을 내려 놓았다. 그리고 경주 트랙과 선로를 떠나 베들레헴의 별을 향해 시선을 돌렸다.

즐거운 시즌이다. 이는 다른 그 어느 때보다도 그에 관해 생각할 시간이 많기 때문이며 다른 그 어느 시즌보다도 그의 이름이 우리의 입술에 많이 오르내리기 때문이다.

그러면 그 결과는 무엇인가? 소중한 몇 시간 동안 우리의 신성한 열망은 서로 조화를 이루고 우리는 코러스를 이루게 된다. 그것은 부두 노동자, 보스턴의 변호사, 불법 이주자, 주부, 그리고 베들레헴의 신비가 실제로 있었던 일이라고 믿는 수천 명의 다른 특별한 사람들이 한데 어우러져 부르는 코러스이다. "와서 그를 보라." 우리는 아무리 깊이 잠든 목자일지라도 흔들어 깨워 아기 그리스도를 가리키며 그렇게 노래한다.

소중한 몇 시간 동안 우리는 그를 본다. 주 그리스도이다. 그를 보지 못하고 해를 지나던 사람들도 갑자기 그를 보게된다. 그의 이름을 쓸데없이 남용하는 데 익숙해진 사람들은 그 일을 멈추고 그 이름을 찬양한다. 이제 저마다 소경 된 자리에서 자유로워진 눈들은 그의 크신 위엄에 놀란다.

갑작스레 그는 어느 곳에나 계시게 된다.

고아원에 전달할 선물을 죄수 호송차에 가득 싣고 달리는 경찰관의 싱긋 웃는 웃음 속에.

다가오는 크리스마스 여행 때 자기 아이들을 볼 것이라고 말하는 대만인 웨이터의 눈의 반짝임 속에.

너무나 감사해서 저녁 식사 기도를 채 끝마치지 못하는 아버지의 감격 속에.

그는 외국에서 돌아온 아들을 맞는 어머니의 눈물 속에도 계신다.

그는 차가운 빵과 따뜻한 소망을 모두 상실한 채 빈민촌 거리에서 크리스마스 아침을 맞는 사람의 가슴 속에도 계신다.

뿐만 아니라 그는 국민학교 합창단이 "그 어린 주 예수 눌 자리 없어"를 노래할 때 쇼핑센터 앞에 모여 있는 군중들의 엄숙한 침묵 속에도 계신다.

임마누엘. 그는 우리와 함께 계신다. 하나님이 가까이 오신 것이다.

크리스마스 밤이다. 몇 시간 후면 청소가 시작되어 깜박이 전구들은 내려질 것이고, 나무들은 밖에 던져질 것이다. 크리스마스를 위한 물품들은 헐값에 팔릴 것이고 생활은 곧 정상으로 되돌아갈 것이다. 12월의 푸짐함은 1월의 많은 지출을 초래할 것이고, 마법은 사라지기 시작할 것이다.

그러나 잠시 동안 그 마법은 아직 남아 있다. 아마 그것이 아직 내가 잠을 이루지 못하는 이유일 것이다. 조금이리도 더 그 영적인 세계를 맛보고 싶기에. 나는 오늘 그를 보았던 사람들이 내년 8월에도 그를 볼 수 있기를 위해 기도하고 싶다. 그리고 한 가지 공상을 떨쳐 버릴 수가 없다. 만약 그가 12월에 불완전하게 드려진 그런 소심한 기도들에 대해서도 그렇게 많은 일을 행하고 계시다면, 우리가 매일 그에 관해 생각한다면 얼마나 더 많은 일을 행하실까?

목공소를 떠나다

그가 문을 밀자 그 육중한 문은 돌쩌귀 위에서 삐걱거렸다. 그가 성큼성큼 걸어 조용한 목공소 안을 가로질러 나무로 만든 덧문을 열자 한 줄기 빛이 어둠 속을 뚫고 들어와 흙 바닥을 광명으로 채색했다.

그는 목공소 안을 둘러보았다. 많은 달콤한 추억들을 간직한 그 작은 은신처에 그는 한동안 서 있었다. 그는 손에 망치를 들어 보았다. 톱의 날카로운 톱날을 손가락으로 만져 보기도 했다. 부드럽게 닳은 대패 작업대를 쓰다듬어도 보았다. 그는 작별을 고하기 위해 이곳에 온 것이다.

이제 떠나야 할 시간이었다. 무엇인가가 그에게 떠나야

할 시간임을 알게 해 주었다. 그래서 그는 마지막으로 톱밥과 재목의 냄새를 맡기 위해 이곳에 온 것이다.

여기서의 삶은 평화스러웠다. 그리고 너무나……안전했다.
여기서 그는 셀 수 없는 만족의 시간들을 보냈다. 그의 아버지가 일을 할 때 그는 아장아장 걸으며 이 흙 바닥 위에서 놀았었다. 여기서 요셉은 그에게 망치 잡는 법을 가르쳐 주었다. 그리고 이 작업대 위에서 그는 그의 첫번째 의자를 만들었다.

그는 그 방을 마지막으로 둘러보면서 무슨 생각을 했을까? 이미도 그는 끌과 나무 부스러기늘이 드리우고 있는 작은 그림자들을 바라보며 그 작업대 앞에 한동안 서 있었을 것이다. 어쩌면 지난 날의 많은 소리들을 회상하고 있었는지도 모른다.

"잘 만들었구나, 예수."

"요셉, 예수—빨리 와서 식사해요!"

"걱정 마세요 손님, 시간 내에 만들어 드리겠습니다. 예수가 저를 도와 줄테니까요."

그는 망설이지 않았을까? 그의 마음이 찢어지는 듯하지 않았을까? 엄지손가락과 다른 손가락 사이에 못을 끼우고 가만히 힘을 주며 그 아픔을 맛보지나 않았을까?

그의 의식이 형성되어간 곳은 그 목공소 안이었다. 여기서 착상과 확신이 서로 직조되어 그의 사역이라는 천을 이루었다.

당신은 그의 말에서 매매 용어들을 발견할 수 있을 것이다. 당신은 그가 도덕의 기준을 요구할 때 추선(錘線)의 정확함을 볼 수 있을 것이다. 당신은 그가 종교에서 불필요한 전통들을 깎아내야 한다고 주장할 때 대패질 소리를 들을 수 있을 것이다. 당신은 그가 인간 관계에서의 신의를 요구할 때 목재와 목재의 이음 부분이 꼭 맞아 떨어지는 모습을 그려볼 수 있을 것이다. 당신은 그가 정직을 재촉할 때 연필과 장부를 든 그의 모습을 상상할 수 있을 것이다.

그가 신으로서 창조한 나무를 인간의 손으로 다듬던 곳이 바로 이곳이었다. 그리고 그의 영이 자신의 때를 기다리는 동안 그의 신체가 성장한 곳도 바로 이곳이었다. 그리고 마침내 그날이 다가온 것이다.

떠난다는 것은 정말 어려운 일이었음에 틀림없다. 요컨대 목수로서의 삶은 나쁘지 않았던 것이다. 형편이 나쁜 것도 아니었다. 사업은 잘되었다. 미래는 밝고 그가 하는 일은 즐거웠다.

나사렛에서 그는 요셉의 아들 예수로 알려져 있었다. 당신은 그가 그 지역 사회에서 존경을 받았다고 확신할 수 있을 것이다. 그는 솜씨가 좋았다. 친구들도 많았다. 아이들에게 가장 인기가 많은 사람이었다. 재미있는 농담을 할 줄 알았으며 분위기를 즐겁게 만드는 재주를 가지고 있었다.

그는 머물기를 원했을까? "나는 여기 나사렛에서 좋은 일을 할 수 있어. 정착해서 가정을 꾸미자. 마을의 지도자가 되자." 왜냐 하면 그는 이미 자기 삶의 마지막 대목을 알고 있었기 때문이다. 그는 안전한 목공소 문 밖을 나설 경우 못이 박히고 로마의 십자가에 매달리게 될 때까지 쉬지 못하리라는 것을 알고 있었다.

그가 꼭 가지 않아도 되었다. 그는 선택할 수 있었다. 얼마든지 머물러 있을 수도 있었다. 입을 다물고 있을 수도 있었다. 부르심을 무시하거나 최소한 연기할 수도 있었다. 뿐만 아니라 그가 머무는 것을 선택한다 해도 누가 알겠는가? 누가 그를 비난하겠는가?

사회가 불안정하지 않고 종교가 그렇게 부패되지 않고 사람들이 그의 말에 더 귀를 기울일 만한 그런 시대에 사람이 되어 다시 오실 수도 있었다.

그는 십자가 처형 방식이 사라진 다음에 다시 오실 수도 있었다.

그러나 그의 마음이 그를 내버려두지 않았다. 만약 그의 인간성 부분에 망설임이 있었다면, 그것은 그의 신성의 긍휼히 여김에 의해 극복되었을 것이다. 그의 신성은 갖가지 목소리들을 들었다. 가난한 자들의 절망적인 외침 소리, 버림받은 자들의 쓰라린 탄원, 스스로를 구원하려고 애쓰는 사람들의 절망의 메아리를 들었을 것이다.

또한 그의 신성은 갖가지 얼굴들을 보았다. 주름진 얼굴, 눈물 흘리는 얼굴, 베일 뒤에 가려진 얼굴, 두려움에 젖은 얼굴, 뭔가를 찾느라 열심인 얼굴, 권태로 지긋지긋해 하는 얼굴…… 아담의 얼굴로부터 당신이 이 책을 읽고 있는 이 시간 이 세상 어디에선가 막 태어난 유아의 얼굴에 이르기까지, 그는 모든 얼굴들을 보셨던 것이다.

그리고 당신은 한 가지 사실을 확신해도 좋다. 나사렛의 그 목공소를 향해 들려오는 소리들 가운데는 당신의 소리도 있었다는 것이다. 베개를 눈물로 얼룩지게 하는 당신의 소리 없는 기도들은 말해지기도 전에 들려졌다. 죽음과 영원에 관한 당신의 가장 심오한 질문들은 물어지기도 전에 응답되었다. 그리고 당신의 가장 절박한 필요, 구세주에 대한 당신의 필요는 당신이 죄를 짓기도 전에 충족되었다.

그리고 그는 당신의 소리를 들으셨을 뿐만 아니라 당신을 보셨다. 그는 당신이 처음으로 그를 알았을 때 당신의 그 벌겋게 상기된 얼굴을 보셨다. 그는 당신이 처음으로 죄 가운에 떨어졌을 때 당신의 그 부끄러워하는 얼굴을 보셨다. 오늘 아침 거울 속에서 당신을 바라보던 바로 그 얼굴이 그를 보았다. 그것은 그를 죽이기에 충분했다.

그는 당신 때문에 떠나셨다.

그의 망치와 함께 그의 안전을 내려 놓고. 또한 그의 못을 담는 앞치마와 함께 평안을 벽걸이에 건 채. 그는 그의 젊음이라는 햇볕을 창문 덮개로 차단하고, 이름 없이 살아가는 편안함과 안일함을 걸어 잠갔다.

그는 당신의 지포 자기를 짊어지기보나 낭신의 죄를 짊어지는 것이 더 쉬웠기에 떠날 것을 결정했다.

그것은 쉬운 일이 아니었다. 지금까지 목공소를 떠난 일이 한번도 없었기에.

"나를 그냥 예수라고 불러 다오"

성경에서 우리 주님을 가리키는 많은 이름들은 광대하고 당당한 것들이다. 하나님의 아들, 하나님의 어린 양, 세상의 빛, 부활이요 생명, 광명한 새벽별, 다시 오실 이, 알파와 오메가.

그 이름들은 인간의 언어라는 울타리 안에서 파악할 수 없는 하나님의 광대하심을 파악하려 한 노력의 결과이다. 그러나 그 이름들은 다방면으로 하나님께 접근하려고 시도해 보지만 언제나 실패할 뿐이다. 그 이름들을 듣는 것은 어쩐지 구세군의 크리스마스 악대가 거리에서 헨델의 메시아를 연주하는 것을 듣는 것과 같다. 좋은 시도이지만, 별효과는 없는 것 같다. 그 메시지는 언어라는 매체를 통해 표현되기에는 너무나 장엄하다.

사실상 그것이 언어의 한계이다. "표현할 말이 없다"는 말이 유일하게 하나님을 표현할 수 있는 말이다. 그를 올바로 표현할 수 있는 이름은 하나도 없다.

그러나 그를 알았던 사람들을 어리둥절하게 하고 또 끌리게 했던 주님의 특징을 상기시키는 이름이 하나 있다. 그것은 그의 일면을 드러내는 이름이기도 한데 당신이 그것을 알게 되면 까무러치지 않을 수 없을 것이다.

그것은 너무나 작은 것도, 혹은 너무나 큰 것도 아니다. 그것은 신데렐라의 발에 꼭 맞았던 구두처럼 꼭 어울리는 이름이다.

예수.

복음서에서 그것은 가장 많이 사용되고 있는 그의 이름이다.— 거의 6백 번 가량이나 사용되었다. 그것은 또한 흔한 이름이었다. 예수라는 이름은 구약에 나오는 여호수아라는 이름의 헬라어 형태이다. 예수라는 이름을 가진 대제사장들이 최소한 5명은 있었다. 역사가 요세푸스의 저작들은 예수라는 이름을 가진 사람들을 20명 가량 인용하고 있다. 신약 성경은 바울의 친구 유스도라 하는 예수에 관해 말하고 있으며(골 4:11), 바보의 마술사 이름은 바 예수였다(행 13:6). 어떤 사본들에는 바라바의 원래 이름이 예수였다고 기록되어 있기도 하다. "너희는 내가 누구를 놓아 주기를 원하느냐? 예수 바라바냐, 아니면 메시아라 하는 예수냐?"(마 27:27).

무엇을 말하고자 함인가? 예수는 한 사람의 조(Joe)일 수도 있었다는 것이다. 만약 예수가 오늘 오셨다면 그의 이름은 존(John), 혹은 밥(Bob), 혹은 짐(Jim)이 될 수도 있었을 것이다. 만약 그가 오늘 여기에 계신다면, '고귀하시고 거룩하신 천상의 하나님 3세'와 같은 고상한 이름으로 스스로 거리를 두셨을까? 결코 그렇지 않다. 하나님께서는 그의 아들의 이름을 선택하실 때, 인간의 이름을 선택하셨다(마 1:21). 즉 학교의 출석부에서 두세 번은 나올 만한 그런 흔한 이름을 선택하셨던 것이다.

"말씀이 육신이 되어"라고 요한은 다른 말로 표현했다. 그는 만질 수 있고, 가까이 다가갈 수 있고, 붙잡을 수 있는 존재로 오셨다. 그리고 무엇보다도 그는 평범했다. 만약 그가 오늘 여기에 계신다면, 쇼핑 인파 속을 걸으실 때 어쩌면 당신은 그를 알아보지 못할 것이다. 그는 결코 입고 있는 옷이나 걸치고 있는 보석 장식으로 사람들의 관심을 끄는 일은 하시지 않을 것이다.

"나를 그냥 예수라고 불러 다오." 당신은 그가 그렇게 말씀하시는 것을 들을 수 있을 것이다.

그는 당신이 프로야구 경기를 함께 시청하기 위해 당신 집에 초대하는 그런 종류의 사람이었다. 아마도 그는 마루에서 당신의 아이들과 장난을 치거나 의자에 앉아 꾸벅꾸벅 졸거나 당신의 부엌에서 스테이크를 요리하기도 했을 것이다. 그는 당신의 농담에 웃음을 터뜨리기도 하고, 또 반대로 농담을 하기도 했을 것이다. 그리고 당신이 말할 때, 그는 마치 무한정 시간이 있는 사람마냥 당신의 말에 귀를 기울였을 것이다.

게다가 한 가지 확신할 수 있는 것은, 당신이 그를 다시 초청할 것이라는 사실이다.

그를 가장 잘 알고 있는 사람들이 그를 예수로 기억하고 있다는 사실은 주목할 만한 일이다. 예수 그리스도와 주 예수라는 이름은 겨우 여섯 번 밖에 나오지 않는다. 그와 함께 지냈던 사람들은 어떤 특별한 직함이나 칭호가 아닌 예수라는 이름과 함께 그를 기억하고 있었다.

거기에 함축된 의미를 생각해 보라. 하나님께서 자신을

인류에게 계시하시기로 하셨을 때, 그는 어떤 매체를 사용하셨는가? 책? 아니다. 그것은 이차적인 것이었다. 교회? 아니다. 그것은 그 결과일 뿐이었다. 도덕법? 아니다. 하나님의 계시를 이렇게 하라 혹은 하지 말라 하는 법규 조항에 한정하는 것은 콜로라도 지도를 보고 로키 산맥을 보았나고 말하는 것만큼이나 비극적이다.

하나님께서 자신을 계시하시기로 하셨을 때, 그는 (놀랍고도 놀랍게도) 인간의 몸을 통해 그렇게 하셨다. 죽은 사람을 일어나라고 부르셨던 그 혀는 인간의 혀였다. 문둥병자를 만지셨던 그 손의 손톱 밑에는 때가 끼여 있었다. 한 여자가 감싸안고 울었던 그의 발은 먼지 투성이였다. 그리고 그의 눈물……오, 그 눈물을 그냥 지나치지 말라……그 눈물은 우리의 경우처럼 찢어지는 마음에서 나온 것들이었다.

"우리에게 있는 대제사장은 우리 연약함을 체휼하지 아니하는 자가 아니요"(히 4:15).

그래서 사람들이 그에게 나아갔다. 오, 그들이 어떻게 그에게 나아갔던가! 그들은 밤에 왔고, 그가 거리를 걸을 때 그를 만졌으며, 바다 주변에서 그를 따랐고, 그를 그들의 집으로 초대하고 그들의 아이들을 그의 발 아래 두었다. 왜? 그는 예배당의 성화나 높은 강단의 사제가 되는 것을 거절했기 때문이다. 대신에 그는 예수가 되기를 선택했던 것이다.

누군가가 그의 곁에 가까이 가기를 두려워했다는 암시는 전혀 찾아볼 수 없다. 그를 조롱했던 사람들이 있었다. 그를 시기했던 사람들이 있었다. 그를 오해했던 사람들이 있었다. 그를 존경했던 사람들이 있었다. 그러나 그를 너무나 거룩하고 신성하고 존귀해서 만질 수 없는 분으로 생각했던 사람은 결코 없었다. 거절당할 것이 두려워 그에게 나아가기를 꺼려했던 사람은 한 사람도 없었던 것이다.

그 사실을 기억하라.

이 다음에 당신이 실패에 놀라게 되었을 때 그 사실을 기억하라.

이 다음에 신랄한 비난이 당신의 영혼에 구멍을 내고 있을 때 그 사실을 기억하라.

이 다음에 당신이 차가운 예배당을 보거나 생명없는 기도문 암송을 들을 때 그 사실을 기억하라.

기억하라. 거리감을 두는 것은 인간이다. 그리고 다리를 놓으시는 분은 예수 그 분이시다.

"나를 그냥 예수라고 불러 다오."

겨울의 여인들

I

 상여꾼들은 그를 멈추게 하지 못했다. 그 많은 군중도, 상여 위의 죽은 시체도 그를 멈추게 하지 못했다. 그를 멈추게 한 것은 바로 한 여인, 그 여인의 얼굴 표정과 충혈된 눈이었다. 그는 즉시 어떤 일이 일어나고 있는지를 알았다. 실려가고 있는 것은 그녀의 하나뿐인 아들이었다. 만약 당신의 하나밖에 없는 아들을 잃는 고통이 어떤 것인지를 아는 분이 있다면 바로 하나님이실 것이다.
 그래서 그는 무엇인가를 하셨다. 즉 행동으로 옮기신 것이다. "울지 말아요." 그는 그 어머니에게 말하고는 소년을 향해 외쳤다.

"일어나라!"

죽은 사람이 말을 하고, 귀신이 쫓겨 나갔다. 생명의 주관자 되신 분을 아는 사람들에게 있어서 죽음이란 사탄의 속임수에 불과하다는 진리를 깨닫게 되었다(눅 7:11-17).

II

그의 계획은 제자들이 먹을 것을 구하러 마을에 간 사이에 잠시 눈을 붙이려는 것이었다. 그리고 한낮의 우물가보다 휴식을 취하기에 더 좋은 장소가 어디 있겠는가? 그 시간에 물을 길러 오는 사람은 아무도 없을 것이다. 그래서 그는 팔을 늘어뜨린 채 우물 벽에 기대고 앉았다. 그러나 그는 곧 낮잠을 깨어야 했다. 그는 한쪽 눈을 뜨고서 한 여인이 어깨에 무거운 항아리를 지고 터벅터벅 걸어오는 것을 바라보았다. 그녀의 뒤에는 각기 아버지가 다른 것처럼 보이는 여섯 명의 아이들이 있었다.

그녀는 말을 할 필요가 없었다. 그녀의 파란 만장한 삶의 이야기가 얼굴의 주름에 깊이 패여 있기 때문이다. 다섯 번씩이나 깨어진 사랑의 상처들은 깊어지다 못해 곪아 있었다. 그녀를 버리고 떠났던 모든 남자들이 그녀의 가슴을 한 조각씩 떼어갔다. 이제 그녀에게 남은 것이라고는 아무것도 없었다.

"지금 당신이 함께 살고 있는 그 남자 또한 당신을 아내로 여기지 않을겁니다." 예수는 그녀의 상황을 아시고 계셨다. 그녀의 고통을 너무나도 잘 이해할 수 있었다. 이는 다섯 남자보다도 훨씬 더 많은 사람들이 그와의 약속을 깨뜨렸기 때문이다.

조용히 그 의사께서는 그의 왕진 가방에서 믿음의 바늘과 소망의 실을 꺼내셨다. 야곱의 우물 그늘에서 그는 그녀의 상처 입은 영혼을 꿰매셨다.

"이제 곧 아물게 될 겁니다."

그가 속삭이셨다(요 4:1-42).

III

예수를 만났을 때 그녀에게 남은 것이라곤 아무것도 없었다. 의사들이 그녀의 마지막 동전마저 거둬 갔다. 의사들의 진단은 그녀에게서 희망을 탈취해 갔다. 아울러 그치지 않는 출혈은 그녀에게서 마지막 남은 기력까지도 빼앗아 갔다. 그녀에게는 더 이상의 돈도, 더 이상의 친구도, 더 이상의 선택도 없었다. 한 손에는 밧줄 끝을 붙잡고, 마음 속에는 날개와 기도를 지닌 채 그녀는 군중 속을 헤치고 나아갔다.

그녀의 손이 그의 옷에 닿았을 때 뭔가가 그녀의 몸 속으로 흘러들어 왔다. 그는 그것이 나가는 것을 느꼈고, 그녀는 그것이 들어오는 것을 느꼈다.

그 여인이 마지막 희망을 걸고 그에게 나아왔다는 것은 결코 예수를 괴롭히는 것이 아니었다. 그에게 있어서 가장 중요한 것은 그녀가 나아왔다는 사실이었다. 우리 중 어떤 이들은 자신의 실상을 알아차리는 데 상당히 많은 깨달음이 필요하며, 그것을 아는 그는 시계를 가지고 결코 시간을 새시 않으신다. 끝날 시각에 몰려는 사람들도 아침 호각 소리와 함께 일을 시작한 사람들과 똑같은 품삯을 받았다. 그것이 바로 은혜이리라.

세 여인들을 살펴보았다. 한 여인은 사별을 당했고, 한 여인은 거절을 당했으며, 한 여인은 죽어가고 있었다. 완전히 홀로 된 여인들, 즉 인생의 겨울에 홀로 남겨진 여인들이었다. 그들의 모습이 어떠했는지 상세히 알 수는 없지만, 전성기를 다 지낸 이들인 것만은 틀림없을 것이다.

그들이 거리를 지날 때 그들에게 집중되는 시선이 있다면, 그것은 동정의 눈빛 뿐이었다. 그 세 여인들 중 한 여인은 과부인 데다가 자식마저 잃었고, 다른 한 여인은 여섯 개의 침실 뒤에서 순결을 잃었으며, 세 번째 여인은 깨어지고 절망적이었으며 죽어가고 있었다.

예수께서 그들에게 무관심하다면, 누가 그들을 주의해 보았겠는가? 여자는 기껏 해야 농장의 동물보다 한두 등급 높은 위치로 쳐주는 사회에서 그가 그 장례식 곁을 조용히 걸어서 혹은 눈을 감으시고 지나쳤다 한들, 그냥 우물에 등을 기내고 계셨다 한들, 아울러 그의 옷을 당기는 것을 무시하셨다 한들 이의를 제기할 사람은 아무도 없었을 것이다. 결국 그들은 하찮은 여인들에 불과하지 않았는가!

해어지고,

주름지고,

지친 여인들.

겨울의 여인들.

어떤 이는 예수여, 그들을 그대로 두라고 할 것이다. 그들도 봄날이 있었다고.

세상의 기준으로 볼 때 이 세 여인들은 더 이상 무엇을 할 수 있는 자들이 아니었다. 그들은 그들의 의무 즉 자녀를 낳았고, 가족들을 부양하고 남편을 기쁘게 해주는 일을 충실히 이행했다. 그리고 이제 젊고 앞길이 구만리 같은 사람들에게 자리를 내주고, 차가운 곳으로 떠밀려 죽을 때만을 기다리고 있었다.

예수께서 그들을 발견하신 곳은 바로 그곳이었다. 그들은 무용지물이라는 진눈깨비 속에서 떨고 있었다.

인생의 스산한 겨울이었다.

남의 일 같지 않게 들리는가? 사실이다. 우리 주변에도 많은 겨울의 사람들이 있다. 외모가 형편없거나 먹고 살기에 벅찬 사람들, 아무도 원하지 않고 아무도 가까이하려 하지 않는 소풍객 주변의 고슴도치처럼 그들이 우리 주위를 배회하고 있다.

믿어지지 않는가?

때때로 고등학교를 방문해서 벌써부터 자신이 거절당하고 있다고 느끼는 청소년들을 찾아 보라. 그들을 발견하기란 어렵지 않다. 그들은 여드름이 났고, 머리에는 비듬이 가득하며, 신발에는 구멍이 나 있다. 그들은 점심 식사 시간에 혼자 앉아 식사를 하며 주말에는 집에서 시간을 보낸다. 그들 역시 섞이기를 원한다. 그러나 자신은 그럴 만하지 못하다고 점점 생각을 굳히며 학급의 스타들 주변을 맴돈다.

혹은 마이애미 해변을 가 보라. 관광객들이 일광욕을 하기 위해 하루에 150달러를 내야 하는 북부의 해변을 말하는 것이 아니다. 시립 양로원이 있는 남부 해안을 말하는 것이다. 그들이 늙고 지쳐버린 발을 질질 끌며 길을 걷는 것을 보라. 그들은 묻힐 곳을 찾아 이곳에 온 것이다. 그들은 자신들의 할 일을 다했으며, 이제는 카드놀이, 개와 함께 산책하기, 의사 방문 등으로 하루하루를 소일하고 있다. 그들의 밤은 다음 크리스마스에 찾아올 손녀에 대한 꿈들로 채워져 있다. 비록 황금빛 해안은 따뜻하지만, 그들의 영혼 속에는 차가운 겨울 바람이 불고 있다.

혹은 낙태아들을 생각해 보라. 매 20초마다 한 명씩 자궁의 따스함에서 떼어져 이기의 차가운 호수 속에 던져지고 있다. "낙태" 대신에 "임신의 종결," "태어나지 못한 아이" 대신에 "태아," "아기" 대신에 "임신 내용물" 등과 같은 의학 용어들이 낙태 행위를 더 선호하도록 만들지라도 그 행위는 여전히 통탄할 만한 것이다. 그 결과는 인간의 천부적인 가치를 부정하는 것이 되고 있다.

이런 류의 글은 얼마든지 쓸 수가 있다. 전신마비 환자, 에이즈 희생자, 혹은 정기적인 고통에 시달리는 사람들에 관한 이야기 등. 과부나 홀아비, 알콜 중독자, 이혼녀, 앞을 보지 못하는 사람 등은 모두 사회에서 버림받은 사람들이다. 문둥병자, 돌연변이. 이들 모두는 비록 정도의 차이는 있다 할지라도 소위 "정상적인 세상"에 의해 소외되고 있다.

사회는 그들에게 무엇을 해주어야 할지 모르고 있다. 그리고 슬프게도 교회조차 그들에게 무엇을 해주어야 할지 모르고 있다. 그들은 종종 주일학교에서보다는 구석진 술집에서 더 따뜻한 대접을 발견하기도 한다.

그러나 예수라면 그들을 위한 자리를 찾으셨으리라. 그들에 대한 관심이 있으시기에 그들을 위한 자리를 찾으셨으리라. 그의 관심은 무조건적인 것이다.

예수께서 그 세 여인을 무시했다 해도 아무도 그를 비난하지 않았을 것이다. 고개를 돌리는 것이 훨씬 쉽고, 논쟁에 휘말릴 가능성도 적었으며, 또한 위험도 거의 없었을 것이다. 그러나 그들을 지으신 하나님은 그렇게 하실 수 없었다. 그리고 그를 따르는 우리 역시 그럴 수는 없다.

예수의 탄식

이틀 전에 나는 성경에서 한 단어를 읽었는데, 그것이 내 마음 속에 깊이 자리를 잡았다.

솔직히 말해서 나는 왜 그것이 사용되었는지 잘 몰랐다. 그것은 겨우 한 단어일 뿐이며 그렇게 중요한 것도 아니었다. 내가 그 단어와 마주쳤을 때(그것이 정확한 표현이리라. 나는 그 구절을 대충 훑어보고 있었는데 이 단어가 어디에선가 튀어나와 나에게 쾅 부딪쳤던 것이다), 나는 왜 그것이 사용되었는지 몰랐다. 내게는 그것을 소화할 만한 준비가 전혀 되어있지 않았다.

그것은 수수께끼 같은 구절 속의 수수께끼 같은 단어였

제 1 부 그의 성육신

다. 그러나 48시간이 지난 지금, 나는 그 단어가 쓰일 만한 자리, 그것도 꼭 맞는 자리를 발견했다. 오, 그것은 얼마나 대단한 단어인지! 만일 당신의 생각을 바꾸는 것이 탐탁치 않다면 그것을 읽지 마라. 왜냐 하면 이 작은 단어는 당신의 영적 가구를 어느 정도 옮겨 놓을것이기 때문이다.

나와 함께 그 구절을 읽어보자.

예수께서 다시 두로 지경에서 나와 시돈을 지나고 데가볼리 지경을 통과하여 갈릴리 호수에 이르시매 사람들이 귀먹고 어눌한 자를 데리고 예수께 나아와 안수하여 주시기를 간구하거늘 예수께서 그 사람을 따로 데리고 무리를 떠나사 손가락을 그의 양 귀에 넣고 침뱉아 그의 혀에 손을 대시며 하늘을 우러러 탄식하시며 그에게 이르시되 에바다 하시니 이는 열리라는 뜻이라 그의 귀가 열리고 혀의 맺힌 것이 곧 풀려 말이 분명하더라 예수께서 저희에게 경계하사 아무에게라도 이르지 말라 하시되 경계하실수록 저희가 더욱 널리 전파하니 사람들이 심히 놀라 가로되 그가 다 잘하였도다 귀머거리도 듣게 하고 벙어리도 말하게 한다 하니라(막 7:31-37).

정말 대단한 구절이지 않은가?

예수께서 귀먹고 어눌한 사람 앞에 서 계신다. 아마 그 사람은 말을 더듬었을 것이다. 어쩌면 혀꼬부라진 소리로 말했는지도 모른다. 그는 귀머거리였기 때문에 분명한 발음을 결코 배우지 못했을 것이다.

예수는 그 상황을 활용하시지 않으시고, 그 사람을 따로 데리고 떠나셨다. 그리고는 그의 얼굴을 들여다보셨다. 말을 한다는 것이 쓸데없는 일임을 아신 그 분은 자신이 하려고 하는 일을 제스처를 통해 설명하셨다. 이어 침을 뱉으시고 그 사람의 혀에 손을 대시며, 그의 말을 제한했던 모든 것이 제거되라고 말씀하셨다. 그리고 그 사람의 귀를 만지셨다. 그의 귀가 처음으로 들을 수 있게 되는 순간이었다.

그러나 그 사람이 말을 하거나 소리를 듣게 되기 전에, 예수님은 예상치 못한 어떤 일을 하셨다.

즉 탄식을 하신 것이다.

얼마든지 박수나 노래, 혹은 기도를 할 만했다. "할렐루야!"나 혹은 간단한 교훈은 어떤가? 그러나 하나님의 아들은 이런 것들을 하나도 하지 않으셨다. 그 대신에, 잠시 멈추고 하늘을 우러러보시며 탄식하셨다. 그의 존재 깊은 곳에서 말로 다할 수 없는 격정이 쏟아져 나왔다.

탄식. 정말 어울리지 않는 단어인 것 같았다.

나는 하나님을 탄식하시는 분으로 생각해 본 적이 없었다. 반면에 하나님을 명령을 내리시는 분으로 생각한 적은 있었다. 하나님을 눈물을 흘리시는 분으로 생각한 적도 있었다. 죽은 사람에게 일어나라고 명령을 하시거나 말씀 한 마디로 우주를 창조하시는 하나님을 생각했을망정……

탄식하시는 하나님은 어떤가?

이 단어가 걸렸던 것은 나 역시 탄식을 할 때가 있기 때문이다. 어제 한 부인을 방문했을 때도 탄식했다. 그녀의 남편은 나를 알아보지도 못할 만큼 병세가 악화되었다. 그는 내가 장사꾼인 줄 알았다.

나는 더러운 얼굴을 하고 초라한 옷을 입은 여섯 살짜리 소녀가 식료품 가게에서 나에게 돈 몇 푼을 달라고 했을 때 탄식했다.

그리고 오늘은 자기 아내가 자기를 좀처럼 용서하려고 하지 않는다는 남편의 이야기를 들으면서 탄식했다.

분명히 당신도 탄식한 일이 있을 것이다.

당신에게 십대의 자녀들이 있다면 당신은 분명 탄식한 적이 있을 것이다. 당신이 유혹을 물리치려고 한 적이 있다면 당신은 탄식을 경험했을 것이다. 당신의 동기가 의심을 받거나 당신의 최고의 사랑의 행동이 거절을 당했다면 당신은 숨을 깊이 들이마신 다음 고뇌의 한숨을 쉬었을 것이다.

나는 안도의 한숨, 기대가 충족되었을 때의 한숨, 심지어는 기쁨의 한숨이 있다는 것을 알고 있다. 그러나 마가복음 7장에 묘사되어 있는 탄식은 그런 한숨이 아니다. 거기에 나타난 탄식은 좌절과 슬픔이 뒤섞인 것이다. 그것은 터지는 분노와 쏟아지는 눈물 사이 어디엔가에 자리잡고 있는 것이다.

사도 바울은 이 탄식에 관해 말했다. 두 번씩이나 그는, 이 땅에 사는 그리스도인들이 하늘을 소망하는 한 그들은 탄식할 것이라고 말했다. 피조물은 해산의 고통으로 탄식한다. 성령께서도 우리의 기도를 중재하시면서 탄식하신다(고후 5:2-4).

이 모든 탄식들은 동일한 불안, 즉 결코 의도하지 않았던 고통을 깨달았거나 혹은 소망이 멀찍이 늦춰진 것을 알게 되었을 때 오게 된다.

인간은 창조주와 분리되도록 지음받지 않았다. 이것 때문에 우리는 고향을 그리워하며 탄식하는 것이다. 피조물은 결코 악이 머물도록 지음받지 않았다. 이것 때문에 모든 피조물은 에덴동산을 사모하며 탄식하는 것이다. 또한 하나님과 대화함에 있어서 결코 통역자를 의지하도록 지음 받지 않았다. 이것 때문에 성령께서는 인간이 하나님과 얼굴을 맞대고 보게 될 날을 고대하며 우리의 유익을 위하여 탄식하는 것이다.

그렇기에 예수께서 사탄에 의해 희생된 그 사람의 얼굴을 들여다보셨을 때 탄식 이외의 다른 일을 하실 수가 없었던 것이다. "이렇게 되기 위해 지음받은 것이 결코 아니었는데." 그 탄식은 이렇게 말했다. "네 귀는 귀머거리로 만들어지지 않았으며 네 혀는 더듬도록 만들어지지 않았다" 그 모든 불균형이 주님을 슬프게 만들었다.

그래서 나는 그 단어가 쓰일 만한 적절한 곳을 발견했다. 당신은 그것을 이상하게 생각할지 모르지만, 나는 그 단어를 위로라는 단어 곁에 두기로 했다. 왜냐 하면 간접적인 방법으로, 하나님의 고통은 우리의 위로이기 때문이다.

또한 예수의 고뇌 위에 우리의 소망이 놓여 있다. 만약 그가 탄식하지 않으셨다면, 만약 그가 창조 의도에서 빗나간 것에 대한 고뇌를 느끼지 않으셨다면 우리는 가엾은 상태에 머물러 있어야 했을 것이다. 만약 그가 그 모든 것을 어쩔수 없는 것으로 공포 하셨거나 혹은 악취를 풍기는 혼란에서 손을 씻어 버리셨다면 우리에게 무슨 희망이 있었겠는가?

  그러나 그는 그렇게 하지 않으셨다. 그 거룩한 탄식은 지금도 우리에게, 하나님께서는 자신의 백성을 위해 탄식하고 계신다는 것을 확신케 해준다. 모든 탄식이 그치고 모든 것이 창조 의도대로 이루어질 그날을 위해 탄식하고 계시는 것이다.

죽음의 계곡

"지난 밤엔 어땠나요?" 간호사가 물었다.

그 젊은이의 지친 눈이 입술보다 먼저 대답을 했다. 길고 힘든 밤이었다. 그는 수일째 밤샘 중이었다. 그러나 그 아버지에게 있어선 더욱 길고 힘든 밤들이었다.

"그는 깨지 않았어요."

아들은 침대 곁에 앉아 뼈만 남은 아버지의 손을 잡았다. 그 손은 자주 그를 붙들어 주던 손이었다. 그는 그 손을 놓쳐 버릴까 두려웠다. 만약 그렇게 된다면 그가 그토록 사랑한 아버지는 절벽 아래로 떨어질 것만 같았다. 그래서 그는 그들이 계곡 끝에 서 있기라도 하듯이 밤새 아버지의 손을 잡고 있었다. 그는 최후의 시각이 얼마 남지 않았다는 것을 잘 알고 있었다.

새파랗게 겁에 질린 어조로 그는 그 어두웠던 동안 그에게 엄습했던 두려움을 이렇게 요약했다. "나는 그것이 일어나야만 한다는 것을 압니다." 아들은 아버지의 파리한 얼굴을 바라보며 절실한 목소리로 말했다. "하지만 왜 그래야 하는지 모르겠어요."

죽음의 계곡.

그곳은 황량한 계곡이다. 땅은 메말라 갈라지고 아무것도 살 수 없는 곳이다. 이글이글 타오르는 태양은 음산한 소리를 내며 매섭게 불어대는 바람을 뜨겁게 달군다. 그 계곡을 방문한 사람들은 계곡 밑을 내려다보고는 울음을 터뜨리며 말을 잊지 못한다. 그 협곡의 바닥은 보이지 않으며, 저편으로 건너갈 수도 없다. 그 어둠 속에 무엇이 감추어져 있는지 의아해할 뿐 결코 알 수 없다. 또한 그곳을 떠나기를 바라지만 그럴 수가 없다.

당신은 그곳에 가 본 적이 있는가? 삶과 죽음을 가르는 경계선에 서 본 적이 있는가? 한밤중에 당신의 허파 속으로 공기를 펌프질하는 기계 소리를 들으며 누워 있어 본 적이 있는가? 당신은 친구의 병든 몸이 썩어가는 것을 바라본 적이 있는가? 당신은 공동 묘지에서 다른 사람들이 모두 떠난 뒤에도 도저히 믿을 수 없다는 듯이 그 시신이 담긴 관짝을 바라보며 한참 동안이나 떠나지 못하고 머물렀던 적이 있는가?

그렇다면 이 계곡은 당신에게 낯선 것이 아닐 것이다. 당신은 그 황량한 바람 소리를 들은 적이 있다. 당신은 그 계곡의 벽에 대답 없는 메아리들 "왜?", "무엇 때문에?"라는 고통스러운 질문들을 들은 적이 있다. 그리고 당신은 굴러다니는 돌맹이를 발로 찼으며, 다시는 돌아오지 않는 그 돌들이 무엇엔가 부딪치는 소리를 들은 적이 있다.

젊은 아버지는 플라스틱 재떨이에 담배를 비벼 껐다. 병원 대기실에는 혼자뿐이었다. 얼마나 걸릴 것인가? 그 모든 일들은 순식간에 발생했다! 처음에 병원에서 비보가 날아들었고, 그 다음에 그는 미친 듯이 차를 몰아 응급실로 달려왔으며, 간호사를 통해 모든 설명을 들었다. "당신의 아들이 자동차에 치었어요. 머리에 심한 상처를 입었죠. 그는 지금 수술을 받고 있는 중입니다. 의사 선생님들이 최선을 다하고 있어요."

다시 담배를 꺼내 물었다. "오 하나님!" 그 아버지의 말이 가늘게 떨려 나왔다. "그는 이제 겨우 다섯 살밖에 안 된 아이입니다."

그 계곡의 끝에 서게 되면 모든 삶이 한눈에 들어온다. 거기서는 중요한 것과 중요하지 않은 것을 쉽게 구별할 수 있다. 그 계곡 위에서 월급이나 지위에 관심을 갖는 사람은 아무도 없다. 당신이 어떤 차를 몰고 왔는지, 혹은 당신이 도심의 어느 지역에서 살고 있는지 묻는 사람도 없다. 늙은 사람들이 이 영원의 계곡 곁에 섰을 때, 인생의 모든 승부와 겉치레는 슬프게도 어리석게 보이는 것이다.

그것은 번쩍하는 순간에 일어난 일이었다.
"우주선이 어떻게 된거야?" 한 우주 기술자가 케이프 캐나베랄(미 공군 로케트 발사기지)에서 소리쳤다.
"세상에 이럴 수가!" 곁에 서서 바라보던 한 교사가 외쳤다. "지금 내가 보고 있는 일이 사실이 아니게 해주세요."
최고의 엘리트 일곱 명이 섬광과 함께 폭발한 우주 왕복선과 더불어 산화하는 것을 지켜보면서 전국은 우리가 계곡에 섰을 때처럼 충격과 공포로 가득 찼다.
첨단기술의 발달에도 불구하고 인간이란 놀라울 정도로 부숴지기 쉬운 존재라는 사실을 사람들은 다시 한번 상기하게 되었다.

지금 그 계곡 위를 걷고 있는 누군가에게 말을 하는 것일 수도 있다. 당신이 끔찍이도 사랑하는 누군가가 그 알 수 없는 곳으로 불려 갔고 당신은 홀로 남겨져 있다. 당신은 지금 두려움과 의심에 둘러싸여 있다. 만약 당신이 그러한 경우에 해당된다면, 이 장의 나머지 부분을 아주 주의 깊게 읽기 바란다. 요한복음 11장에 묘사된 장면을 주의 깊게 살펴보자.

　두 사람이 등장한다. 예수와 마르다이다. 그리고 그 두 사람은 실제로 이 세상에 있는 두 부류의 사람들을 대표한다.

　그녀의 말은 완전히 절망으로 가득 차 있다. "주께서 여기에 계셨더라면……" 그녀는 원망하는 듯한 눈으로 주님의 얼굴을 주시한다. 그녀는 지금까지 참을 만큼 참았지만 이제는 더 이상 참을 수가 없다. 나사로가 죽었다. 그녀의 오빠가 돌아올 수 없는 곳으로 가 버린 것이다. 그리고 상황을 변화시킬 수 있는 그 분은 아무 일도 하지 않으셨다. 그가 무덤에 묻히도록 내버려두신 것이다. 어떤 죽음의 사건들은 우리로 하여금 하나님에 대해 배신감을 느끼게 한다. "하나님이 여기 계셨더라면 아무도 죽지 않았을 텐데!"라고 우리는 소리친다.

　하나님이 어디에서나 살아 계신 무소 부재(無所不在)하신 하나님이라면, 그는 죽음 앞에도 계신 하나님이어야 한다. 통속적인 심리학은 우울증을 치료할 수 있다. 격려의 말 한마디는 염세주의를 치료할 수 있다. 부(富)는 배고픔을 해결할 수 있다. 그러나 우리의 궁극적인 딜레마인 죽음은 오직 하나님만이 해결하실 수 있다. 그것은 오직 성경의 하나님만이 그 계곡 끝에 서서 대답을 하실 수 있다. 그는 죽음 앞에도 계신 하나님이어야 한다. 만약 그렇지 않다면, 그는 어디에나 계시는 무소 부재의 하나님이 아니다.

예수님은 마르다에게 화를 내지 않으셨다. 아마도 그녀의 어조가 절망에서 진지함으로 바뀐 것은 그의 참으심 때문이었을 것이다. "이제라도 주께서 무엇이든지 하나님께 구하시는 것을 하나님이 주실 줄을 아나이다." 예수께서는 그때 그의 최고의 권위로 하실 수 있는 한 가지 선언을 말씀하셨다. "네 오라비가 다시 살리라."

마르다는 그 말을 오해했다(누군들 그렇지 않겠는가?). "마지막 날 부활에는 다시 살 줄을 내가 아나이다."

그러나 예수님의 말씀은 그런 뜻이 아니었다. 그 다음 말의 문맥을 놓치지 말기 바란다. 그 상황을 한번 상상해 보자. 예수는 그 적의 세력권 앞에 서게 되었다. 즉 사탄의 영역인 죽음의 계곡 위에 서 계신 것이다. 그곳의 유황 악취를 맡았을 때 그는 구역질을 느꼈을 것이다. 옥에 갇힌 사람들의 울부짖는 소리를 들으셨을 때에는 움찔하셨을 것이다. 거기에 사탄이 있었다. 그는 하나님의 피조물을 파괴하는 자였다.

발로 뱀의 머리를 짓밟으시며 예수께서는 그 계곡의 벽에 메아리가 칠 만큼 큰소리로 말씀하셨다.

"나는 부활이요 생명이니 나를 믿는 자는 죽어도 살겠고 무릇 살아서 나를 믿는 자는 영원히 죽지 아니하리라"(요 11:25-26).

그것은 역사의 전환점이었다. 죽음에게서 약점이 발견된 것이다. 지옥의 홀을 열 수 있는 열쇠가 선언되었다. 생명이 죽음과 맞서 승리를 거두었을 때 독수리들은 흩어지고 전갈들은 혼비 백산 달아났다. 바람이 그치고 구름이 걷히자 햇빛이 비췌었으며, 굴욕을 당한 뱀이 바위 사이를 지나 땅속으로 사라지는 동안 한 마리 새가 멀리서 지저귀었.

이 부분은 갈보리에서의 결전을 위해 마련된 것이었다.

그러나 예수님은 마르다를 위해 죽음과 부닥치셨다. 그는 그녀의 눈을 바라보시면서 성경에서 발견되는 가장 큰 질문, 마르다 뿐만 아니라 당신과 나에게도 똑같은 의미를 지니고 있는 질문을 하셨다.

"네가 이것을 믿느냐?"

쾅! 바로 이것이다. 이것이 핵심이다. 이것이 예수를 이제까지 존재했던 다른 수천의 스승이나 선지자들과 구별지어 주는 중요한 특성이다. 그 질문은 이것을 듣는 모든 사람들로 하여금 기독교 신앙에 절대적으로 복종하게 하거나 혹은 철저하게 거부하도록 만드는 것이다.

"네가 이것을 믿느냐?"

잠시 동안 이 질문이 당시의 마음 속에 깊이 새겨지게 하라. 당신은 동전 한 닢 없는 그 젊은 전도자가 당신의 죽음보다 크다고 믿는가? 당신은 정말로 죽음을 새로운 세계로 들어가는 진입로 정도로만 보는가?

"네가 이것을 믿느냐?"

예수님은 이 질문을 주일학교에서 토론할 주제로 제시하시지 않았다. 또한 스테인드 글라스를 통해 따스한 햇살을 받으며, 혹은 쿠션이 좋은 예배당 의자에 앉아서 다루도록 주어진 것도 결코 아니었다.

천만의 말씀이다. 이것은 계곡에서의 질문이다. 온 밤을 뜬눈으로 보내는 동안이나, 또는 담배연기로 가득 찬 대기실의 적막 속에서만 뜻이 통하는 질문이다. 우리의 의지할 대상과 버팀목, 그리고 장신구가 모두 없어졌을 때에야 비로소 뜻이 통하는 질문이다. 왜냐 하면 그 때에야 비로소 재난을 향해 곤두박질치는 방향타 없는 인간이라는 우리 자신의 참모습에 직면하게 되기 때문이다. 그리고 그 때에야 우리는 그를 우리의 유일한 희망으로서 보게 되는 것이다.

많은 절망 가운데서도 영감을 가지고 마르다는 예라고 대답했다. 그녀가 그 갈릴리 목수의 검게 그을린 얼굴을 찬찬히 들여다보았을 때, 무엇인가가 그녀에게 지금이야말로 그 어느 때보다도 진리에 더 가까이 다가서 있는 것이라고 말해 주었다.

그래서 그녀는 그에게 자신의 손을 내밀고 그가 그 계곡에서 그녀를 끌어내 주시도록 자신을 맡겼다.

"나는 부활이요 생명이니 네가 이것을 믿느냐?"

두 나무 이야기

형체 없는 물체들. 부유(浮遊). 따로따로 떨어진 물상들. 예술가이신 하나님이 지상에 꿈을 이루신다.

빛! 태양 광선이 숲 속을 꿰뚫는다. 화산처럼 황금빛으로 폭발하는 낙조. 달빛은 부드러운 종이처럼 지친 대양 위에 말없이 깔린다.

존재들! 코로 숨쉬는 것. 나는 것. 물장구를 치는 것. 음매하고 우는 것. 갉는 것. 할퀴는 것. 땅을 파는 것.

소리! 말발굽 소리. 까마귀 울음소리. 하이에나의 웃음소리. 대포 같은 천둥소리. 새들의 지저귀는 소리. 후두둑 빗방울 떨어지는 소리.

무(無)의 상태가 뒤바뀐 것이다.

그런 다음 이어지는 침묵…… 보이지 않는 조각가는 지금 흙을 빚고 있다. 사자들은 꼼짝도 하지 않고 서서 그 광경을 지켜보고 있다. 참새들은 가지에 앉아 아래를 내려다본다. 구름이 머리 위를 떠돈다. 호기심이 많은 캥거루와 순록들, 그리고 기웃거리며 왔다갔다 하는 지네들.

"뭘 만드시는 거지?"

"동물일까?"

기린들은 나뭇잎 사이로 엿보고 있다. 다람쥐들은 잡담을 나누고 있다. 침묵. 놀라움.

"산일까?"

그때 갑자기 나뭇잎을 흔들며 부드러운 바람이 불어와 그 생명 없는 형체로부터 먼지들을 날려 보낸다. 그리고 신선한 그분의 숨결이 변화를 가져온다. 따뜻한 숨결을 타고 들어간 것은 다름 아닌 그의 형상이다. 그 조각된 얼굴에 웃음이 떠오른다. 그 영혼에는 눈물을 담는 샘이 마련되었다. 눈에는 반짝거림, 정서를 위해서는 시. 논리성. 충직함. 그것들은 가을바람 위의 낙엽들처럼 허공을 맴돌다가 내려앉아 그 속으로 빨려들어간다. 그에게 주어진 선물들은 그의 일부분이 된다.

그 위엄 있으신 분은 자신의 형상을 보시고 미소를 지으신다. "좋구나." 눈을 뜬다.

하나가 된다. 창조주와 피조물이 함께 강둑을 거닌다. 웃음. 순결. 순수한 기쁨. 영원한 생명.

그러나 그 나무.

갈등. 뱀. 거짓말. 유혹. 꼬임에 흔들리는 마음. 영혼은 쾌락과 독립에의 의지를 가지고 어떤것이 더 중요한지를 가늠해 본다. 내적인 갈등. 누구의 뜻을 따를 것인가?

선택. 무죄의 죽음. 죽음에의 진입. 타락.

눈물의 얼룩이 과일의 얼룩과 함께 섞였다.

탐색

"아브람아, 너는 한 나라의 조상이 될 것이다! 그리고 아브람아, 그 백성에게 내가 그들을 사랑한다고 말해라."

"모세야, 너는 내 백성을 구할 것이다! 그리고 모세야, 그 백성에게 내가 그들을 사랑한다고 말해라."

"다윗아, 너는 그 백성을 다스릴 것이다! 그리고 다윗아, 그 백성에게 내가 그들을 사랑한다고 말해라."

"예레미야야, 너는 감금의 고통을 견뎌야 할 것이다! 그렇다 할지라도 예레미야야, 내 자녀들에게 상기시켜라. 내가 그들을 사랑하고 있다는 것을."

제단. 제사. 반역. 회귀. 반항. 회개. 로맨스. 서관(書板).

사사들. 기둥. 피흘림. 전쟁. 왕들. 위인들. 율법. 히스기야. 느헤미야. 호세아…… 하나님은 결코 등을 돌리지 아니하시고 항상 사랑하셨으며 에덴동산의 회복에 대한 열망을 가지고 항상 그들을 지켜보셨다.

텅 빈 보좌. 성령의 강림. 침묵하며 지켜보는 천사들.
소녀……
잉태……
아들.
바로 그 예술가이신 하나님께서 다시 한번 하나의 육체를 만드셨다. 그런데 이번에는 자기 자신을 그렇게 하셨다. 육신을 입으신 하나님. 영을 감싸고 있는 피부. 머리카락을 가지신 전능자. 발톱. 관절. 어금니. 종지뼈. 다시 한번 그는 인간과 함께 걸으신다. 그러나 그 동산은 아직 가시로 뒤덮혀 있다. 찌르는 가시, 독이 있는 가시, 쓰라린 상처를 남기는 가시. 부조화. 질병. 배반. 두려움. 죄책감.

사자들은 더 이상 한가롭지 않다. 구름도 더 이상 떠돌지 않는다. 새들은 너무나 빨리 흩어진다. 부조화. 다툼. 무지.
그러나 또 다시 한 나무.
다시 한번 갈등. 뱀. 유혹. 꾀임에 나누어지는 마음. 다시 한번 그 질문, "누구의 뜻을 따를 것인가?"

그리고 선택. 눈물의 얼룩이 피의 얼룩과 함께 섞였다. 관계가 회복되었다. 다리가 놓인 것이다.

다시 한번 그는 미소를 지으신다. "좋구나."

사망이 사람으로 말미암았으니 죽은 자의 부활도 사람으로 말미암는도다 아담 안에서 모든 사람이 죽은 것 같이 그리스도 안에서 모든 사람이 삶을 얻으리라(고전 15:21, 22).

우연이 아니다

　그 이야기는 설교의 좋은 예화이다. 감동적이며 드라마틱하다. 또한 완전히 당신의 마음을 사로잡는 이야기이다. 설교자들이 그 이야기를 몇 번이나 사용했는지는 오직 하늘만이 아실 것이다.
　그런데 딱 한 가지 문제가 있다. 그것이 정확하지는 않다는 것이다.
　어쩌면 당신도 그것을 들었을는지 모른다.
　그것은 거대한 강에 도개교(跳開橋)를 건설한 한 기술자의 이야기이다. 배가 지나갈 때는 다리를 들어올렸다가 기차가 올 때는 다시 내리는 거대한 톱니바퀴를 그는 손잡이

와 스위치가 붙어 있는 조정판 하나로 움직일 수 있도록 만들었다

 어느 날 그는 그의 어린 아들을 데리고 직장에 갔다. 그 다리에 홀딱 빠진 그 소년은 아빠에게 끊임없이 질문을 퍼부었다. 배가 통과할 수 있도록 다리가 열렸을 때에야 아버지는 비로소 아들이 그 방에 없다는 것을 알아차렸다. 그가 조정실 창문으로 밖을 내다보니, 그 어린 소년이 톱니바퀴 위로 기어올라가고 있는 것이었다. 그가 아들을 구하기 위해 재빨리 기계를 반대쪽으로 가동시키려 할 때, 다가오는 기차의 기적소리가 들려왔다.

 그의 심장 박동이 빨라졌다. 만약 그가 다리를 닫는다면 아들을 구할 시간이 없을 것이다. 그는 선택을 해야 했다. 그의 아들을 죽일 것이냐, 아니면 기차에 타고 있는 무고한 승객들을 죽일 것이냐? 끔찍한 딜레마는 끔찍한 결정을 요구했다. 그 기술자는 무엇을 해야 할지 알았다. 그리고 그는 손잡이를 당겼다.

 감동적인 이야기이지 않은가? 그것은 종종 그리스도의 희생을 묘사하는 데 사용된다. 그리고 희생은 항상 인간의 구원과 더불어 다루어진다. 하나님께서 그의 아들을 죽이시지 않고서 인간을 구원하실 수 없었다는 것은 사실이다.

하나님 아버지께서 죽음의 톱니바퀴를 예수 위로 쾅 닫으실 때 그의 마음은 슬픔으로 뒤틀려졌다. 그런데도 사람들이 죽을 뻔한 자리에서 자기들을 구원한 그 무죄한 희생자를 그냥 지나치는 것은 슬픈 사실이 아닐 수 없다.

그러나 그 이야기에는 명백한 차이점이 하나 있다.

십자가에 관해 처음으로 시행된 설교에서 인용한 다음 구절을 읽고 거기서 그것을 찾을 수 있는지 보라.

이스라엘 사람들아 이 말을 들으라 너희도 아는 바에 하나님께서 나사렛 예수로 큰 권능과 기사와 표적을 너희 가운데서 베푸사 너희 앞에서 그를 증거하셨느니라 그가 하나님의 정하신 뜻과 미리 아신 대로 내어준 바 되었거늘 너희가 법 없는 자들의 손을 빌어 못 박아 죽였으나(행 2:22-23).

그것을 찾았는가? 그것은 그 문단에서 아주 진지한 대목이다. 그것은 용기를 고양시키며, 영원에 그 뿌리를 내리고 있는 진술이다. 그것은 또한 성경에서 하나님이 당신을 양자로 삼으시기 위해 치르셨던 진정한 값이 무엇이었는지를 묘사하는 부분이다.

어떤 대목인가? "하나님의 정하신 뜻과 미리 아신 대로"

라는 대목이다. RSV 성경은 그것을 "하나님의 명확한 계획과 미리 아신 대로"라고 했으며, TEV 성경은 그 구절을 "그 자신의 계획에 따라"라고 번역했다. 당신이 그것을 어떻게 읽든, 그 진리는 매우 진지한 것이다.

십자가는 결코 우연이 아니었던 것이다.

예수의 죽음은 우주적인 기술자의 낭패의 결과가 아니었다. 십자가는 뜻밖의 비극이 아니었다. 갈보리는 파멸을 향해 나아가는 세계의 시계추에 대한 반사적인 반응이 아니었다. 또한 그것은 한번의 해결을 위해 일어난 사건도 아니었다. 하나님의 아들의 죽음은 예기치 못한 모험이 결코 아니었던 것이다.

그것은 계획된 일이었으며 계산된 선택이었다. "그를 상하게 하신 것은 여호와의 뜻이었다"(사 53:10).십자가는 원래의 청사진에서 비롯된 것이었다. 그것은 이미 예고되어 있었다. 금지된 과일이 하와의 입술에 닿는 순간, 십자가의 그림자가 지평선 위에 나타났다. 그리고 그 순간부터 하나님의 손목에 못이 박히는 순간까지 그의 전 계획이 성취되었다.

무슨 말인가? 이것은 예수님이 자기 자신의 희생을 계획했다는 것이다.

예수님께서 자신의 십자가로 쓰이게 될 나무를 의도적으

로 심었다는 말이다.

자신의 손에 박힐 그 못들을 위해 철광을 기꺼이 지구 속에 두셨다는 뜻이다.

가룟 유다를 의도적으로 한 여인의 태에 두셨다는 말이다.

뿐만 아니라 빌라도를 예루살렘에 보내도록 정치 조직을 움직이신 분이 바로 그리스도 자신이었음을 의미한다.

아울러 꼭 그렇게 하실 필요가 없었음에도 불구하고 친히 그렇게 하셨음을 의미한다.

그것은 우연이 아니다. 꼭 일어나기로 되어 있던 일이었다! 가장 잔인한 죄수라 하더라도 그가 태어나기 전부터 죽음이 선고되는 법은 없다.

그러나 예수님은 십자가에 달리시기 위하여 태어나셨다. 그는 자신의 존재를 인식할 때마다 자신이 해야 할 일을 인식했다. 항상 십자가의 그림자가 그에게 드리웠으리라. 아울러 지옥에 갇힌 사람들의 울부짖음이 언제나 그 귓가에 들렸으리라.

그가 마지막으로 예루살렘으로 올라가실 때 결연한 태도를 취했던 것이 이 때문이었다. 그는 죽음의 행진을 하고 계셨던 것이다(눅 9:51).

이제 다음과 같은 결연한 주님의 말씀이 이해될 것이다.

"아버지께서 나를 사랑하시는 것은 내가 다시 목숨을 얻기 위하여 목숨을 버림이라 이를 내게서 빼앗는 자가 있는 것이 아니라 내가 스스로 버리노라 나는 버릴 권세도 있고 다시 얻을 권세도 있으니 이 계명은 내 아버지에게서 받았노라"(요 10:17-18).

아울러 다음과 같은 난해한 물음도 이해될 것이다. "이 말이 너희에게 걸림이 되느냐 그러면 너희가 인자의 이전 있던 곳으로 올라가는 것을 볼 것 같으면 어찌하려느냐"(요 6:61-62).

십자가는 또 다음과 같은 것들을 설명해 준다.

바리새인들에게 자신의 삶의 "목적"은 자신이 죽은 후 3일만에 성취될 것이라고 말씀하신 이유(눅 13:32).

그의 "죽음"에 대해 토의하기 위해 변화산에 모세와 엘리야가 신비스럽게 나타난 일(눅 9:31). 그들은 격려의 말을 한 마디라도 하기 위해서 왔던 것이다.

세례 요한이 그를 군중들에게 "세상 죄를 지고 가는 하나님의 어린양"이라고 소개했던 이유(요 1:29).

아마도 그것이 그가 겟세마네 동산에서 풀뿌리를 잡아 뽑으셨던 이유이리라. 그는 "당신의 뜻이 이루어지이다"라고 말한 것 때문에 견뎌야 할 지옥의 고통이 어떤 것인지 알고 계셨다.

아마도 십자가는 그의 자녀들에 대한 깊은 사랑을 보여주는 것이리라. 그는 목숨을 버리면서까지 그들을 사랑하셨다.

십자가는 다음과 같은 그의 말씀들에 무게를 더한다. "나는 양을 위하여 목숨을 버리노라(요 10:15). "이 때로부터 예수 그리스도께서 자기가 예루살렘에 올라가 장로들과 대제사장들과 서기관들에게 많은 고난을 받고 죽임을 당하고 제 3일에 살아나야 할 것을 제자들에게 비로소 가르치시니"(마 16:21).

버림받은 돌(마 21:42). 장사를 위한 기름부음(막 14:3-9). 최후의 만찬에서 유다를 내보내신 일(요 13:27) 등, 이 모든 사건들은 십자가가 임박했다는 것을 고려할 때 진지한 국면을 갖는다. 우리 주님은 세 가지 차원의 삶을 사셨다. 즉 현재와 과거에 대한 시각뿐 아니라 미래에 대한 명확한 시각을 가지고 계셨던 것이다.

이것이 그의 손을 묶을 밧줄이나 그를 십자가로 데려갈 군인들이 필요하지 않았던 이유이다. 그런 것들은 부수적인 것이었다. 그들이 없었다 해도, 재판이 없었다 해도, 빌라도와 군중이 없었다 해도 십자가에 달리신 사건은 똑같이 일어났을 것이다. 예수님 자신이 스스로 십자가에 못박

으셔야 했다 하더라도 그는 그렇게 하셨을 것이다. 왜냐 하면 십자가는 그를 죽인 군인들이나 폭도들의 고함 소리로 인한 것이 아니라, 우리에 대한 그의 헌신으로 인한 것이었기 때문이다.

    그래서 당신은 그것을 은혜의 행위, 구원의 계획, 순교자의 희생 등 여러 말로 표현할 수 있다. 그러나 결코 그것을 우연이라고 하지는 말라. 그것은 결코 우연이 아니었다.

놀라움의 재발견

"내가 너희와 항상 함께 있으리라"
-마태복음 28:20-

나는 이 책을 쓰고 있는 곳에서 몇 가지 기적들을 볼 수 있다.

하얀 파도들이 해변에서 규칙적으로 철썩거린다. 계속 이어지는 파도들은 여세를 몰아 줄을 지어 다가와서는 똑바로 서서 해변에 경례를 올린 다음 모래에 부딪쳐 산산히 부서진다. 시간이 시작된 이래 이 단순한 신비가 몇억 번이나 반복되었을까?

　멀리에는 색깔의 기적, 한 쌍의 푸르름이 자리를 잡고 있다. 대서양의 푸르름과 하늘의 푸르름이 맞닿아 있는데, 그것들은 오직 두 기둥 사이에 팽팽하게 쳐 놓은 전선처럼 쭉 뻗어 있는 수평선에 의해 나누어져 있을 뿐이다.

　또 내 시야에 들어오는 것은 삶의 두 극단이다. 한 젊은 어머니가 아기를 태운 유모차를 밀며 길을 간다. 그 둘은 모두 최근에 출생이라는 기적을 통해 하나님과 관계를 맺었다. 그들은 벤치에 앉아 있는 백발의 노신사 옆을 지나쳐 간다. 그는 나이라는 인생의 도둑에 의한 희생자이다(그는 자신의 삶에 커튼이 드리워지고 있는 것을 알고나 있을까).

　그들 뒤에는 세 명의 소년들이 해변에서 공을 차며 놀고 있다. 그들은 특별히 노력을 하지 않고도, 셀 수 없이 많은 근육과 반사 작용을 종합하고, 완벽하게 설계된 관절들을 자유 자재로 사용하여 한 가지 임무, 즉 모래 위에서 공을 차는 일을 수행하고 있다.

　모든 것이 기적이다. 하나님의 기적이다.

　이것들은 모두 신비스럽기 때문에 기적이다. 그것들은 과학적으로 설명될 수 있으며, 어느 정도까지는 재생할 수도 있다.

그러나 그것들은 여전히 기적이다. 그것들은 우리의 이해를 초월한 것들로 그 기원은 다른 세계에 속해 있다. 그것들은 모두 갈라진 바다와 걸을 수 있게 된 앉은뱅이, 텅 빈 무덤과 같이 어느 정도 신적인 요소를 가지고 있다.

그리고 그것들은 절뚝발이가 걷고, 귀신이 나가고, 폭풍이 잠잠해졌을 때처럼 하나님의 임재를 상기시키는 사건들이다. 그것들은 기적들이며 표적들이다. 그것들은 증거들이다. 그것들은 하나하나가 순간적인 성육신들이다. 그것들은 우리에게 동일한 진리를 상기시켜 준다. 즉 그 보이지 않는 분을 볼 수 있게 해주는 것이다. 하나님과 인간의 먼 거리가 가까워진다. 그의 크신 위엄이 나타나신 것이다. 그리고 그는 땅 위의 어느 구석에서나 가장 쉽게 볼 수 있는 분이 되신다.

사실 그것들을 그렇게 놀라운 것으로 만드는 것은 하나님의 기적의 진기함이 아닌 그 기적의 평범함이다. 하나님은 그의 신성을 가끔 나타내심으로써, 지구에 충격을 주시기보다는 오히려 그의 능력을 매일 나타내시기를 선택하셨다. 연속해서 몰아치는 파도. 프리즘을 통과한 색깔들. 출생, 죽음, 삶. 우리는 온통 기적들로 둘러싸여 있다. 하나님은 우리에게 증거의 폭죽들을 던지시는데, 그것들은 각각 "하나님이 계신다! 하나님이 계신다!"라고 소리치며 폭발한다.

시편 기자는 그토록 거룩한 솜씨에 놀라지 않을 수 없었다. 그래서 그는 기쁨으로 이렇게 물었다. "내가 주의 신을 떠나 어디로 가며 주의 앞에서 어디로 피하리이까 내가 하늘에 올라갈지라도 거기 계시며 음부에 내 자리를 펼지라도 거기 계시니이다(시 139:7-8).

우리는 우리 주위에서 그렇게 많은 기적들을 보면서도 하나님으로부터 어떻게 도망칠 수 있을까 궁리한다. 뿐만 아니라 하나님의 작품들이 전시된 미술관 안에 살고 있으면서도, 카펫트만을 바라보는 것으로 만족하며 살아간다.

혹은 애처롭게도 우리는 더 많은 것을 요구한다. 더 많은 표적. 더 많은 증거. 더 많은 해트 트릭. 마치 하나님이 우리가 1달러를 내면 모든 것을 보여 주는 보드빌의 마술사라도 되는 것처럼.

우리는 어쩌다가 그렇게 알아듣지 못하게 되었는가? 우리는 어쩌다가 그렇게 놀라운 일에도 무감각하게 되었는가? 왜 우리는 감동하거나 놀라기를 그렇게도 주저하는가?

어쩌면 기적이 너무나 자주 일어나기 때문에 우리의 눈이 그것들의 아름다움에 멀게 되었는지 모른다. 사실 새봄

이 되어 나무에 꽃이 피는 것이 무슨 특별한 일인가? 그런 일은 해마다 반복되고 있지 않은가? 이런 조가비는 해변에 셀 수도 없이 많지 않은가?

싫증이 난 우리는 하품을 하며, 주목할 만한 것을 늘상 있는 일로, 믿을 수 없는 것들을 의당 있을 수 있는 것으로 바꾸고 만다. 과학과 통계는 삶의 면전에서 그들의 지팡이를 흔들어대며, 감탄사들을 입 밖에 내지 못하도록 막으면서 모든 것들을 공식과 수치로 대치한다.

당신은 예수를 보고 싶은가? 당신은 그의 크신 위엄을 친히 보기를 원하는가? 그렇다면 놀라움을 재발견하라.

이 다음에 당신이 아기의 웃음 소리를 듣거나 대양의 파도를 보거든 그것에 주의를 기울여 보라. 그의 크신 위엄이 "내가 여기 있다"라고 아주 부드럽게 속삭일 때 멈춰 서서 귀를 기울이도록 하라.

희 망

그것은 성경에서 가장 흥미 있는 이야기들 중 하나이다. 사실 그 장면이 너무나 매력적이기에 누가는 이것을 소상히 기록했다.

두 제자가 엠마오를 향해 먼지나는 길을 따라 내려가고 있었다. 그들의 대화는 십자가에 못박힌 예수에 관한 것이었다. 장송 행렬 같은 그들의 무거운 발걸음만큼이나 그들의 말도 느렸다.

"나는 도무지 그것을 믿을 수가 없어. 그가 돌아가시다니."

"이제 우리는 어떻게 해야 하지?"

"그것은 베드로의 실수 때문이야. 그는 그렇게 하지 말았어야……"

바로 그때 낯선 사람 하나가 그들의 뒤에서 다가와 말한다. "미안합니다만, 당신들이 하는 이야기를 우연히 듣게 되었습니다. 그런데 누구 이야기를 하는건가요?" 그들은 발걸음을 멈추고 돌아선다. 다른 여행객들은 도중에 서 있는 세 사람을 바라보며 길을 재촉한다. 마침내 그들 중 한 사람이 질문한다. "지난 며칠 동안 어디에 계셨나요? 나사렛 예수에 관해 들어보지 못하신 모양이죠?" 그리고 그는 어떤 일이 일어났었는지를 이야기하기 시작한다.

이 장면은 나를 매혹시킨다. 두 명의 진지한 제자들은 그 마지막 못이 어떻게 이스라엘의 관에 박혔는지를 말하고 있다. 변장을 하신 하나님은 상처난 손을 호주머니에 깊숙이 찔러넣으신 채 참을성 있게 듣고 계신다. 그는 이 두 사람의 신실함에 감동을 받으셨음에 틀림없다. 그러나 또 한편 어느 정도 서운하셨을 것이다. 지옥에 가셨다가 지상에 천국을 가져다 주시기 위해 막 돌아오신 그 분 앞에서 이 두 사람은 이스라엘의 정치적 위상에 대해 걱정하고 있는 것이 아닌가.

"하지만 우리는 그 사람이 이스라엘을 구속할 분이라고 기대했었지요"(눅 24:21).

하지만 우리는…… 라고 기대했었지요. 당신이 얼마나 자주 듣는 말인가?

"우리는 그 의사가 그를 낫게 해주리라고 기대했었지요."

"나는 시험에 합격하리라고 기대했었지요."

"우리는 그 수술이 모든 종양을 제기하리리고 기대했었지요."

"나는 그 직장이 확실하리라고 생각했었어요."

실망으로 잿빛이 된 말이다. 때때로 우리가 원하던 일은 일어나지 않고 원치 않던 일만 일어난다. 그 결과는 무엇인가? 희망은 산산 조각이 나고 하늘이 무너지는 것만 같게 된다.

뭘 잘못했길래 이런 궁지에 몰리게 되었는지 의아해 하면서 먼지 속에서 샌달을 질질 끌며 엠마오로 가는 길을 터버터벅 가곤 한다. "도대체 어떻게 된 하나님이기에 나를 이 지경으로 만드는가?"

더욱이 잔뜩 눈에 고인 눈물 그리고 제한된 시각 때문에, 하나님이 뒤에 따라오셔도 우리는 그것을 알아차리지 못한다.

당신이 보는 바와 같이, 무거운 마음을 가진 우리의 이

두 친구에게 있어서 문제는 믿음의 결핍이 아니라 시각의 결핍이었다. 그들의 바램은 그들이 상상할 수 있는 것, 즉 지상의 왕국에 제한되었다. 만약 하나님이 그들의 기도에 응답하셨다면, 그가 그들의 바램을 받아들이셨다면 7일 전쟁이 2천 년 전에 일어났을 것이며, 예수는 그의 사도들을 내각 구성원들로 훈련시키시는 데 40년을 더 보내셔야 했을 것이다. 하나님의 가장 자비로운 행위는 때론 우리의 기도를 들어주시지 않는 것으로 나타난다.

우리는 무거운 짐을 진 그 여행객들과 별로 다를 것이 없다. 그렇지 않은가? 우리는 십지기의 그늘 아래서 자기 연민의 진흙탕 속을 구른다. 우리는 경건하게 그의 뜻을 구한 다음, 뻔뻔스럽게도 모든 것이 우리의 방법대로 되지 않는다고 토라진다. 만약 우리를 기다리고 있는 하늘의 그 몸을 기억하기만 한다면, 우리는 그가 이 지상의 몸을 고쳐 주시지 않는다고 불평하는 것을 멈추게 될 것이다.

우리의 문제는 하나님이 우리의 바람을 들어주시지 않는 데 있는 것이 아니라 무엇이 옳은 바람인지 알지 못하는 데 있다. (이 문장을 다시 한번 읽는 것이 좋겠다).

희망은 당신이 기대하는 것이 아닌, 당신이 꿈에도 생각하지 못하는 것이다. 꿈이 아닌가 하여 내 살을 꼬집게 만드는 전혀 있을 법하지 않은 이야기. 아브라함으로 하여금 그의 시야를 조정하여 손자가 아닌 아들을 보게 하는 것. 모세로 하여금 아론, 미리암이 아닌 엘리야, 변화되신 그리스도와 함께 약속된 땅에 서있게 하는 것. 스가랴로 하여금 백발의 아내가 임신한 것을 벙어리가 된 채 보게 하는 것. 뿐민 아니라 엠마오로 가던 두 순례자로 하여금 떡을 떼어 주시는 그 손이 못자국 난 손이라는 것을 깨닫게 하는 것, 그것이 희망이다.

희망은 성취된 소원이나 의당히 가질 만한 바람이 아니다. 그보다는 훨씬 큰 것이다. 그것은 우리를 사랑하시사 우리를 위해 깜짝 놀랄 만한 일을 행하시는 하나님을 믿을 수 없으리만큼 철저하게 의지하는 것이다.

영원한 찰나들

우리는 우리가 알고 있는 게임들을 모두 해 보았다. 집안을 이리저리 뛰어다니기도 했으며, 소파 뒤에서 "숨바꼭질"을 하기도 했다. 머리로 비치볼을 받아넘기기도 했다. 씨름도 하고, 술래잡기도 했으며, 춤도 추었다. 그것은 엄마와 아빠, 그리고 어린 젠나에게 멋진 저녁 시간이었다. 우리는 TV를 끄고 잠잘 시간도 잊은 채 그렇게 재미있는 시간을 보냈다. 폭풍이 몰아치지만 않았다면 우리는 한정 없이 그렇게 놀았을 것이다.

그러나 폭풍이 몰아쳤다. 비가 한두 방울 떨어지는가 싶더니 이내 쏟아지기 시작했고, 마침내는 창문을 부술 듯이 내리쳤다. 대서양에서 불어온 바람이 근처의 산들을 휘몰아치며 으르렁거리자 그만 정전이 되어 온 세상이 깜깜하게 되었다. 인접한 계곡은 바람과 비를 온통 이 도시로 몰아넣는 깔대기 역할을 했다.

우리는 모두 침실로 들어가서 침대 위에 누웠다. 그리고 어둠 속에서 하나님이 연주하시는 오케스트라를 들었다. 마치 지휘자의 지휘봉처럼 번갯불이 하늘에서 번쩍이자 천둥이라는 커다란 팀파니가 연주를 시작했다.

나는 침대 위에서 그것을 느꼈다. 그것은 흩날리는 빗발의 신선한 내음과 섞여 내 위로 불어 왔다. 아내는 조용히 내 곁에 누워 있었으며 젠나 역시 내 배를 베개로 삼고 조용히 누워 있었다. 이제 한 달만 있으면 태어날 우리의 둘째 아이는 엄마의 태 속에서 편히 쉬고 있었다. 그들도 그것을 느낀 것이 틀림없었다. 아무도 말을 하지 않았기 때문이다. 그것은 마치 하나님 자신을 우리에게 소개라도 하듯이 우리 앞으로 다가왔다. 그리고 그것이 너무 일찍 떠나 버릴까 두려워 아무도 감히 움직이려 하지 않았다.

그것은 무엇이었는가? 바로 영원한 찰나였다.

시간 속에서 시간을 갖지 않는 찰나. 액자 가운데 얼어붙어 감상되기를 바라는 그림. 60초가 지난 후에도 소멸되기를 거부하는 1분. 시간대를 뛰어넘어 모든 천사들이 그 위엄을 볼 수 있도록 영원으로 확장된 순간.

영원한 찰나.

당신을 둘러싸고 있는 소중한 것들을 상기시켜 주는 순간. 고향. 마음의 평화. 건강. 예금 통장. 주택, 시간 엄수 등과 같은 현세적인 것에 몰두하느라 그렇게 많은 시간을 허비한 것에 대해 부드럽게 꾸짖는 순간. 속세적인 눈을 흐릿하게 흐리게 할 수 있으며 또 어두운 삶에 희망을 가져다 줄 수 있는 순간.

영원한 찰나는 섬선으로 구분된 역사를 가지고 있다. 창조주께서 미소를 지으시며 "좋구나"라고 말씀하셨던 순간은 영원한 찰나였다. 아브라함이 "거기에 의인 열 명이 있다면" 이라며 자비의 하나님께 자비를 구했던 순간은 초 시간적인 순간이었다. 노아가 비에 젖은 뚜껑을 열어 제치고 깨끗한 공기를 들이마셨던 순간은 시간을 떠난 순간이었다. 그리고 한 젊은 목수와 양 냄새를 풍기는 몇 명의 목자들, 그리고 지친 젊은 어머니가 구유에 누인 아기를 바라보며 경이감 속에 침묵을 지키는 가운데 서 있었던 순간은 "예정된 때" 의 순간이었다.

영원한 찰나들. 당신은 그 찰나들을 경험했을 것이다. 우리 모두가 그것을 경험하며 살고 있다.

손자와 함께 여름 날 저녁에 현관의 흔들 의자에 앉아 있을 때.

어슴푸레한 촛불 아래서 그녀의 얼굴을 볼 때.

남편과 팔짱을 끼고서 상쾌한 가을 공기를 마시며 낙엽 위를 걸을 때.

할머니가 주신 금붕어로 시작해서 모든 것을 하나님께 감사하는 여섯 살짜리 딸의 기도 소리를 들을 때.

그런 순간들은 우리에게 모든 것이 순조롭다는 것을 상기시켜 주기 때문에 꼭 필요한 순간들이다. 그 왕께서는 여전히 보좌에 앉아 계시며, 삶은 여전히 살아갈 가치가 있다. 영원한 찰나들은 사랑이 여전히 가장 큰 재산이며 미래는 결코 두려워할 것이 아니라는 것을 우리에게 일깨워 준다.

이 다음에 당신의 삶에서 찰나가 영원해지기 시작하면, 그대로 내버려 두라. 당신의 머리를 베개에 묻고 그대로 침잠하라. 그것을 빨리 끝내고 싶은 충동을 억제하라. 그 고요함에 끼어 들거나 그 엄숙함을 부수지 말라. 당신은 아주 특별한 방법으로 거룩한 마당에 서 있는 것이다.

무엇을 보느냐?

"나를 본 자는 아버지를 보았거늘."
-요한복음 14:9-

인기만을 바라보는 사람은 호감을 얻기 위해서 필요한 것이면 무엇이든지 반영하는 거울과 같은 사람이 된다. 유행을 따르다 보니 넋을 잃게 된다. 스타일만을 고집하다 보니 답답하게 된다. 개인적인 확신은 계절과 함께 바뀐다. 개인의 신념은 가지각색으로 표현되어 밤마다 다르게 나타난다. 그는 수천 개의 줄에 매달린 꼭두각시 인형과도 같다. 수백 곡의 노래를 부르지만 자신의 노래는 한 곡도 없는 가수와도 같다. 그의 외모는 무대 장치에 따라 너무나 자주 바뀌기 때문에 자신이 누구인지조차도 잊어버린다. 그는 모든 사람이면서 또한 아무도 아니다.

권력만을 바라보는 사람은 먹음직한 사냥감을 찾아 배회하고, 추적하고, 살금살금 다가가는 늑대와 같은 사람이 된다. 인정을 받는다는 것이 그가 노리는 먹이이며, 사람들은 그의 전리품이다. 그의 추구는 끝이 없다. 언제나 정복해야 할 다른 세계나 혹은 지배해야 할 다른 사람이 있다. 그 결과 권력을 추구하는 사람은 내부의 의지에 의해서는 통제가 되지 않고 외부로부터의 억압에 의해서만 통제가 되는 탐욕스러운 동물의 수준으로 떨어지게 된다.

쾌락만을 바라보는 사람은 휘황 찬란한 빛과 거친 자동차 경주, 흥을 돋우는 연회 속에서만 살아 있는 사람, 축제의 스릴만 찾는 사람이 된다. 욕망의 정열로 그는 여기저기 자동차 경주에 참가하며 탐욕스러운 정열을 충족시키려 하는데 그것은 다른 것을 더욱 갈망하게 할 뿐이다. 로맨스의 회전 마차. 에로티시즘의 소굴. 위험과 흥분의 격렬한 자동차 경주. 군중들이 모두 떠난 한참 후에도 빈 팝콘 상자를 뒤지고 솜사탕 막대를 빨며 축제 마당에 남아 있는 사람. 그런 사람은 충동에 따라 움직이며, 한번의 쾌락을 위해 자신의 영혼이라도 기꺼이 팔 것이다.

  인기와 권력, 그리고 쾌락을 추구하는 사람들의 결과는 모두 똑같은 것으로 고통스러운 불충족이다.

  자신을 지으신 분만을 바라보는 사람만이 진정한 인간이 된다. 창조주를 봄으로써 인간은 자신이 어떤 존재가 되도록 의도되었는지를 어렴풋이나마 깨달을 수 있기 때문이다. 하나님을 보려고 하는 사람은 죽음의 이유와 시간의 목적을 알게 된다. 운명? 내일? 진리? 이 모든 질문들은 자신의 근원을 아는 사람에게는 해결될 수 있는 문제들이다.

  예수를 봄으로써 인간은 자신의 근원 되시는 분을 보게 된다.

제 2 부 그를 닮아가기

"제자가……

온전케 된 자는

그 선생과 같으리라"

누가복음 6:40

망각의 하나님

오늘 아버지께 그의 자비하심에 대하여 감사하고 있었다. 그가 용서하신 죄가 어떤 것들이었는지를 기억하면서. 하나 하나마다 나는 나의 과오와 실책을 용서해 주신 하나님께 감사를 드렸다. 나의 동기는 순수했고 나의 마음은 감사로 넘치고 있었다. 하지만 하나님에 대한 나의 이해는 잘못되어 있었다. 내가 "기억" 이라는 단어를 사용했을 때 그것은 나에게 커다란 충격을 주었다.

"내가…… 했던 때를 기억하시사……" 나는 또 하나의 자비로운 행위에 대하여 하나님께 감사하려고 했다. 그러다 문득 그 행위를 중단했다. 뭔가가 잘못된 것이다. **기억**이라는 단어를 다른 말로 바꾸어야 할 것 같았다. 그것은 마치 소나타 안의 불협화음 혹은 싯귀 안에 담긴 철자가 틀린 단어와도 같았다. 또한 12월에 야구 경기를 하는 것과 같았다고나 할까. 뭔가가 맞지 않았던 것이다. "그가 기억하신다고?" 그때서야 나는 기억했다. 그의 말씀을 기억한 것이다. "내가 저희 죄를 다시 기억하지 아니하리라" (히 8:12).

오! 정말 그것은 엄청난 약속이었다.

하나님은 단지 용서만 하시는 것이 아니라 잊으신다. 칠판을 지우시고 증거들을 파괴하신다. 기억의 마이크로 필름을 태우시고 컴퓨터에 수록된 자료들을 깨끗이 지워 버리신다.

그는 나의 실수들을 기억하지 않으신다. 이것은 그가 하시는 모든 일들 중에서 그가 하시기를 거절하시는 한 가지 일이다. 그는 나의 잘못의 목록을 계속해서 보관하시기를 거절하신다. 내가 용서를 구할 때 그는 결코 장부를 꺼내 보시며 이렇게 말씀하지 않으신다. "하지만 나는 그 죄만 해도 벌써 560번이나 용서해 주었는걸."

그는 기억하지 않으신다.

"동이 서에서 먼 것 같이 우리 죄과를 우리에게서 멀리 옮기셨으며" (시 103:12).

"내가 저희 불의를 긍휼히 여기고"(히 8:12).

"너희 죄가 진홍같이 붉을지라도 양털같이 되리라"(사 1:18).

그는 결코 기억하지 않으신다. 그런데 나와 당신은 기억하고 있다. 당신은 여전히 기억하고 있다. 당신도 나와 마찬가지이다. 당신은 당신이 변화되기 전에 저질렀던 일들을 아직도 기억하고 있다. 당신의 마음 지하실의 맨 구석방에는 어제의 죄의 유령들이 잠복해 있다. 당신이 고백했던 죄들, 당신이 회개했던 실수들, 회복을 위해 당신이 최선을 다했던 상처들이 거기에 우글거리고 있다.

그리고 당신은 이제 완전히 다른 사람이 되었는데도 그 유령들은 아직도 거기에 어슬렁거리고 있다. 당신이 지하실 문을 잠갔는데도 그것들은 아직까지 당신을 괴롭히고 있다. 그것들은 당신의 영혼을 공포에 떨게 하고 당신의 기쁨을 강탈하면서, 당신을 만나려고 허공을 둥둥 떠다닌다. 말 없는 속삭임으로 그것들은 당신이 잊어버리고 있던 순간들을 상기시킨다.

당신이 했던 그 지독한 거짓말.

집으로부터 멀어지게 만들었던 그 출장.

분노를 터뜨렸던 일.

사탄의 손바닥에서 지냈던 세월들.

당신을 필요로 하는 일인데도 모른 체했던 일.

그 데이트.

그 시기.

그 증오.

지난날의 소굴에서 나온 말썽꾸러기 요정들. 짓궂은 그 유령들은 음흉하게도 이렇게 문제를 제기한다. "네가 정말 용서를 받았다구? 물론 하나님은 우리의 대부분의 실수들을 잊으시지. 하지만 네가 한 그 일을 하나님이 잊으시리라고 생각해?"

그 결과 당신의 영적 발걸음은 약간 흐느적거리게 된다. 오, 당신은 아직 신실하다. 당신은 여전히 옳은 일만을 행하며 모든 옳은 말만을 한다. 하지만 당신이 막 힘차게 걸으려 할 때, 당신이 막 날개를 펼치고 독수리처럼 솟아오를 준비를 할 때, 그 유령이 나타난다. 그것은 당신의 영혼의 늪에서 올라와 당신에게 질문을 퍼붓는다.

"너 같은 과거를 가진 사람이 어떻게 성경공부를 인도한다는 거야?"

"네가 선교사라구?"

"어떻게 감히 그에게 교회에 나오라고 할 수가 있니? 네가 저질렀던 일을 그가 안다면 어떻게 할거니?"

"너 같은 주제에 다른 사람을 돕는다구?"

그 유령은 당신의 귀가 십자가의 약속을 듣지 못하도록 심술궂은 논고를 계속해서 뱉아낸다. 그리고 그것은 결국 그 아들을 보는 당신의 시각을 방해하여 당신을 의심의 그 늘아래 있게 만들며, 당신의 얼굴에 당신의 실패들을 나부끼게 한다.

자, 이제 솔직히 말해 보자. 당신은 하나님이 그 유령들을 보내셨다고 생각하는가? 과거의 부패를 상기시키는 것이 하나님의 목소리라고 생각하는가? 하나님의 "나는 네 죄를 더 이상 기억하지 않을 것이다"라는 말씀을 하나님이 농담으로 하신 것으로 생각하는가? 그가 동이 서에서 먼 것같이 우리 죄를 우리에게서 멀리 옮기시겠다고 하신 것을 허풍이 심한 것으로 생각하는가? 당신은 그가 "나는 그들의 죄악을 잊지 않겠다"라고 말씀하실 것이며, 우리가 도움을 구할 때마다 우리의 코를 그 죄악에 처박으실 것이라고 믿는가?

물론 당신은 그렇게 믿지 않을 것이다. 당신과 나는 때때로 하나님의 속성, 즉 그의 잊으시는 속성을 상기할 필요가 있다.

조건부로 사랑한다는 것은 하나님의 속성에 어긋나는 일이다. 하나님이 한번 용서하신 죄를 다시 기억하신다는 것은 마치 당신이 나무를 먹는다거나 또는 나에게 날개가 생기는 것만큼이나 속성에 어긋나는 일이다.

당신도 알다시피 하나님은 완벽한 은혜의 하나님이시다. 만약 그렇지 않다면 그는 하나님이 아니다. 은혜란 잊는 것을 말한다. 즉 마침표를 찍는 것이다. 완벽한 사랑이신 분은 원한을 품으실 수가 없다. 만약 원한을 품는다면 그는 완벽한 사랑이 아니다. 그리고 만약 그가 완벽한 사랑이 아니라면, 당신은 이 책을 내팽개쳐 버리고 낚시나 가는 것이 좋을 것이다. 왜냐 하면 지금 우리는 요정 이야기를 지껄이고 있는 것이 될 테니까.

그러나 나는 그의 잊으시는 사랑을 믿는다. 또한 그의 기억력이 은혜스럽게도 아주 좋지 않으심을 믿는다.

생각해 보라. 만약 그가 잊지 않으셨다면 어떻게 기도할 수 있겠는가? 어떻게 그를 찬송할 수 있겠는가? 만약 그가 우리의 가련한 과거들에 대한 기억을 그대로 가진 채 우리를 대면하신다면 어떻게 감히 그 앞에 나아갈 수 있겠는가? 어떻게 우리의 이기심과 욕망의 누더기를 걸친 채 그의 보좌 앞에 나아갈 수 있겠는가? 결코 그럴 수 없을 것이다.

그러나 우리는 더 이상 우리의 누더기를 걸치고 그에게 나아가지 않는다. 바울이 갈라디아서에 쓴 말씀을 읽고 당신의 심장 박동을 지켜 보라. 당신은 흥분을 감추지 못할 것이다. "누구든지 그리스도와 합하여 세례를 받은 자는 그리스도로 **옷 입었느니라**"(갈 3:27).

당신이 방금 읽은 대로 우리는 그리스도로 "옷 입었다." 하나님이 우리를 보실 때, 그는 우리를 보시는 것이 아니라 그리스도를 보신다. 우리는 그를 "입었기" 때문이다. 우리는 그 안에 감추어져 있으며 그에 의해 덮여 있다. 찬송가 가사에 나오는 대로 "바라던 천국 올라가 하나님 전에 뵈올 때 구주의 의를 힘입어 어엿이 그 앞에 설" 것이다.

주제넘는다고 생각되는가? 신성 모독인가? 만약 그것이 내 아이디어라면 그럴 것이다. 그러나 그것은 내 아이디어가 아니라 그의 아이디어이다. 주제넘을 때란 우리가 그의 은혜에 놀랄 때가 아닌 그것을 거절할 때이다. 그리고 그가 우리 죄를 용서하셨다고 주장할 때 신성 모독이 되는 것이 아니라, 뇌리를 떠나지 않는 지난날의 죄들로 인해 하나님은 용서하셨을망정 잊지는 않으신다고 믿게 될 때 신성 모독이 되는 것이다.

당신 자신에게 호의를 베풀어라. 당신의 지하 구석방을 깨끗이 청소하라. 당신의 지하실에 있는 것들을 모두 몰아내라. 갈보리의 로마 대못을 뽑아 내고 그 문을 두꺼운 널판지로 막으라.

그리고 기억하라……그 분은 망각의 하나님이시라는 것을.

현실 – 회피할 것인가, 맞설 것인가?

나는 병실에서 이 글을 쓰고 있다.

지금 나는 몇 개의 불편한 비닐 의자들을 이어 손님용 침대로 쓰게 해 놓은 곳에 앉아 있다. 바로 옆에는 아내가 잠들어 있다. 그녀는 쓸개 하나를 제거하는 수술을 받았다. 우리는 4일 동안 여기에 있었다. 아내의 회복은 좋은 편이다. 그러나 약물 치료 때문에 그녀는 거의 잠만 잤고, 그래서 나는 뭔가를 관찰할 수 있는 좋은 기회를 갖게 되었다. 그리고 한 가지 결론에 도달했다. 해서 나는 그녀가 잠이 들고 간호사가 너무 자주 들락거리지 않을 때, 내가 내린 결론을 글로 써야겠다고 생각한 것이다. 그것을 한번 읽어 보겠는가?

병원은 이 세상의 축소판이다.

이제 그 이유를 설명하겠다.

겉으로 보기에 병원은 멋진 곳처럼 생각된다. 시트는 깨끗하고 직원들은 친절하다. 간호사들은 상냥한 미소를 지으며 오간다. 의사들은 멋진 구두를 신고 넥타이를 매고 친절한 얼굴로 정기적으로 나타난다. 친구들과 가족들은 예쁜 꽃을 들고 찾아와 따뜻한 위로의 말을 한다.

이곳엔 이상하리만큼 사방에 미소기 있디. 내가 홀 안을 걸어갈 때 커피 손수레를 밀고 가던 보조 간호원이 미소로 인사를 했다. 아래층의 매점에는 미소를 짓는 사람의 모습으로 표지를 장식하고 있는 잡지들로 가득 차 있다. 그것들을 파는 아줌마는 내가 책을 한 권 샀을 때 나에게 미소를 지었다. 접수처에서 일하는 사람은 당신이 지나갈 때 미소를 지을 것이다.

그 미소들과 평안함 외에도 이곳을 벗어나는 통로가 있다. TV는 천장 가까이에 놓여 있고, 그것을 통해서 당신은 바깥 세상으로 빠져나갈 수 있다. 스위치를 살짝 건드리기만 하는 것으로 당신은 사랑의 유람선(TV드라마 : 역자 주)을 타거나 양키즈의 야구 경기를 구경할 수 있다.

미소, 편의 시설, 그리고 기분 전환. 내가 알고 있는 어떤 휴양지들은 이곳보다 오히려 시설이 좋지 않다. 오 이런, 당신은 지금 당신이 어디에 있는지를 잊어버리고 있다.

　사실, 여러 가지 일깨워주는 것들이 없다면 당신은 자신이 어디에 있는지 잊어버릴 것이다. 하지만 당신이 긴장을 막 풀려고 할 때, 즉 당신 자신에게 막 미소를 지으려고 할 때, 빌 코스비의 코메디를 보고 막 깔깔대려고 할 때 앰뷸런스의 사이렌 소리가 당신을 일깨워준다. 옆 방 환자의 비명소리가 당신을 일깨워준다. 들것을 메고 응급실로 달려가는 구급 요원들이 당신을 일깨워준다.

　그리고 그것이 현실이다. 여기는 병원이다. 이 빌딩의 유일한 기능은 죽음과 흥정을 하는 일이다. 최종 결과의 삭막한 현실을 감추기 위해 벽은 그만큼 흰색이지 않을 수 없고, 직원들은 그만큼 친절하지 않을 수 없는 것이다. 사람들은 여기에 와서 피할 수 없는 그 죽음을 조금이라도 연기하기 위해 그들이 가진 모든 것을 바친다.

　우리는 우리가 가진 최상의 것— 최고의 기술, 최고의 지성, 최고의 설비 등을 즉시 가동한다. 그러나 기껏해야 결코 해결이 아닌 약간의 유예를 얻어 걸어나갈 뿐이다. 그리고 미소를 지으며 승리의 환호 속에 걸어서 혹은 휠체어를 타고 병원 문을 나선다 하더라도, 우리의 본 마음은 우리에게 다시 문제가 발생할 것이며 결국은 자신이 패하고 말리라는 것을 잘 알고 있다. 그래서 병원은 역설적인 곳이다. 실상이 숨겨져 있으면서도 그 실상이 너무나 현실적이기 때문에 숨겨질 수 없는 곳이다.

당신은 오늘 당신의 세계 안에서도 그와 똑같은 것을 볼 수 있었을 것이다. 그렇지 않았었는가? 각본이 똑같았다. 소품만 다를 뿐이다. 그것이 바로 이 세계를 병원과 동일하다고 결론을 내린 이유이다. 당신은 어떤 사람이 삶의 실상을 숨기려고 끝없이 극단으로 치닫는 것을 본 석이 있는가?

나이를 예로 들어 보자. 당신은 나이를 먹지 않는 사람을 알고 있는가? 지난 번에 만났을 때보다 지금 더 젊어진 사람을 본 적이 있는가? 나이를 먹는다는 것은 보편적인 현상이다. 그럼에도 불구하고 그것을 숨기려고 하는 것을 볼 때 그것이 속상한 일인 것만은 틀림없다.

남녀를 불문하고 중년층 사람들의 허리를 조이는 데 사용하는 것들이 있다. 가발, 머리카락 이식 등도 있다. 틀니는 입에 젊음을 가져다 주고, 주름살을 펴는 크림은 얼굴에 젊음을 가져다 주며, 병 속에 들어 있는 염색약은 머리카락에 젊음을 가져다 준다.

그 모든 것들은 모두가 알고 있는 사실, 즉 늙어가고 있다는 것을 숨기기 위한 것이다.

죽음은 사람들이 숨기는 또 다른 응어리이다. 우리는 그것을 좋아하지 않는다(당신은 파티 석상에서 "죽음이 다가올 때 기분이 어떨까요?"라는 말을 나누고 싶어하지 않을 것이다. 대부분의 사람들 역시 마찬가지다).

나에게는 암에 걸린 친구가 하나 있다. 현재 그 암은 회복되고 있다. 최근에 그는 진찰을 받기 위해 의사에게 찾아갔다. 그의 상태를 모르는 듯한 간호사가 진료 카드를 기록하기 위해 몇 가지 질문을 하고 던졌다. "최근에 병에 걸린 적이 있으신가요?"

"아, 예. 나는 암에 걸렸어요."

그녀는 연필을 떨어뜨리며 그를 쳐다보았다. "그렇다면 당신은 시한부 인생이군요?" 그녀가 물었다.

"예. 우리 모두가 그렇지 않은가요?"

당신은 그렇지 않다고 생각했는가? 그러나 사실은 그 문제를 쉬쉬했을 뿐이다.

우리는 또한 자신을 가장하려 한다. 그것은 무모한 짓이다. 시골 사람들은 도시 사람처럼 보이려고 애를 쓰고, 도시 사람들은 시골 사람처럼 보이려고 애를 쓴다. 말투를 바꾸고 코의 모양을 바꾸기도 한다. 심지어 이름을 바꾸기까지 하는데, 이 모든 것은 우리가 직면하고 있는 문제를 회피하기 위한 것이다.

그러나 사실을 회피하려는 이 강박 관념은 무익할 뿐만 아니라 우리를 미치게 하는 것이다. 왜냐 하면 병원의 경우와 마찬가지로 진실은 언제나 드러나기 때문이다. 곧 사이렌 소리가 울릴 것이고 우리는 잠에서 깨어나 현실을 깨닫게 될 것이다.

대학 시절의 룸에이트가 늙어 은퇴한다면 당신 역시 그와 마찬가지로 인생의 황혼기에 접어들었다는 것을 인정해야 할 것이다.

당신은 딸과 함께 복도를 걷다가 이렇게 중얼거린다. "이 애가 언제 이렇게 컸지?"

삑 하는 기계 소리에 깨어난 당신은 전기 충격용 응급펌프를 가슴에 대고 응급실에 누워 있는 자신을 발견하게 된다.

그 사건이 유쾌한 것이든 고통스러운 것이든 결과는 마찬가지이다. 현실은 우리를 덮고 있는 모든 가면을 비웃으며 해병대의 훈련 조교처럼 당신에게 소리친다. "너는 늙어가고 있다! 너는 죽어가고 있다! 너는 너 아닌 다른 누군가가 될 수 없다!"

그 소품들이 치워지고 당신은 거꾸로 곤두박질치면서 현

실이라는 딱딱한 바닥에 부딪힌다. 당신은 TV를 끄고 그 새장신구들을 벗어버리는 것이 좋을 것이다. 현실이 네스호의 괴물처럼 머리를 내미는 경우가 매우 드물다고 해서 당신이 그것의 존재를 부정할 수는 없다.

이제 당신이 해야 할 가장 최선의 일은 멈춰서 생각하는 일이다. 사실을 직시하라. 그리고 그것들을 보면서 또한 그분을 주시하는 것이 더욱 현명한 일일 것이다. 통찰력을 가지고 앞을 멀리 내다볼 줄 아는 사람에게는 그의 크신 위엄이 특별한 의미를 지닌다.

예수라면 그러한 순간에 최선을 다하신다. 삶의 진실이 깨달아질 때에만 그의 진리가 드러나게 된다. 그는 우리의 손을 잡고 곤란한 현실들을 숨기게 하시는 것이 아니라 그와 함께 당당하게 현실들과 맞서게 하신다.

나이를 먹는 것? 그것은 더 좋은 세상으로 가기 위해 필수적으로 거쳐야 할 과정이다.

죽음? 그것은 간단히 통과할 수 있는 터널일 뿐이다.

자아? 그것은 하나의 목적을 가지고 설계되고 창조된 것으로, 하나님이 자신을 값 주고 사신 것이다.

그래, 그것이 그리도 꺼림칙스러운 것이었는가?

장례식, 이혼, 질병, 그리고 병원에 입원하는 것, 그럴 때 당신은 삶에 대해 거짓말을 할 필요가 없다. 그 분이 언제나 우리와 함께 하시기 때문이다.

이 다음에 당신이 어두운 골짜기에서 홀로 삶의 부인할 수 없는 사실들에 직면케 될 때, 그것들을 담요로 덮거나 조소하면서 무시하지 말기 바란다. TV의 볼륨을 높이고 그것들이 거기에 없는 체하지 말기 바란다. 그 대신, 똑바로 서서 그의 이름을 속삭이며 귀를 기울여라. 그 분은 당신이 생각했던 것보다 더 가까이 계신다.

벽장… 속의 빛?

며칠 전 밤, 특별한 일이 일어났다.

뇌성 벽력을 동반한 폭풍에 그만 마을이 어둠에 묻혀 버렸다. 정전이 되었을 때, 나는 이럴 때를 대비해서 준비해 놓은 양초를 찾기 위해 벽장 있는 쪽으로 더듬거리며 걸어갔다. 희미한 성냥불을 켜 들고 양초를 넣어 둔 벽장 선반을 올려다보았다. 초들은 촛대에 꽂힌 채 그 곳에 있었다. 그러나 이미 한번 사용한 후라 제각기 높낮이가 달랐다. 나는 성냥을 켜서 그 중 네 개에 불을 붙였다.

벽장 안이 얼마나 환해졌는지! 어둠의 베일이 갑작스레 그 부드러운 황금 빛으로 빛나는 것이 아닌가! 나는 방금

전 무릎을 박았던 냉장고를 볼 수 있었다. 그리고 넘어져 있는 가구들도 볼 수 있었다.

"빛을 가지고 있다는 것은 얼마나 대단한 일인가!" 나는 큰소리로 혼자 중얼거린 다음 촛불들에게 말했다. "만약 너희들이 이 벽장 속에서 해야 할 일이 있다면, 그것은 너희들이 정말로 필요한 곳에 사용되기 위해 기다리는 일일 것이다! 우리가 식사를 할 수 있도록 너희들 중 하나를 식탁 위에 놓을 것이다. 내가 책을 읽을 수 있도록 너희들 중 하나를 내 책상 위에 놓을 것이다. 아내가 뜨개질을 할 수 있도록 너희들 중 하나를 그녀에게 줄 것이다." 나는 가장 큰 것을 내려놓으며 말했다. "그리고 거실 전체를 비추도록 너를 그곳에 놓을 것이다."(촛불들에게 말을 한다는 것이 약간 어리석은 것처럼 생각되기는 했다. 그러나 당신 같아도 그랬을 것이다.)

그 큰 촛불을 손에 들고 막 그곳을 떠나려고 몸을 돌리려는 순간 나는 어디에선가 들려오는 소리를 들었다. "그걸 그곳에 그냥 두세요."

나는 걸음을 멈추고 '누군가가 여기 있구나!'라고 생각했다. 그러다가 다시 마음을 놓았다. '저건 아내 디날린이야, 내가 촛불에게 말하는 것을 놀리려는거야'.

"여보, 이제 그만 놀리라구." 나는 어슴푸레한 어둠을 향해 말했다. 아무런 대답이 없었다. '흠, 바람 소리였나?' 나는 다시 한 걸음을 내딛었다.

"그걸 그냥 두세요, 내가 말했어요!" 다시 그 목소리가 들려왔다. 손에서 땀이 나기 시작했다.

"누가 말했소?"

"내가 했어요." 그 목소리는 내 손 근처에서 들렸다.

"누구요?"

"나는 촛불이에요." 나는 들고 있던 촛불을 바라보았다. 그것은 강한 황금빛의 불꽃으로 타오르고 있었다. 그것은 빨간 색이었으며, 튼튼한 손잡이가 달린 무거운 나무 촛대 위에 앉아 있었다.

나는 그 목소리가 다른 데서 난 것인지를 살펴보기 위해 주위를 다시 한번 둘러보았다. "여기에는 당신과 나, 그리고 다른 촛불들 외에는 아무도 없어요." 그 촛불이 나에게 알려 주었다.

나는 더 자세히 보기 위해 촛불을 들어올렸다. 당신은 내가 본 것을 믿으려 하지 않을 것이다. 양초의 표면에는 작은 얼굴이 하나 있었다(당신이 내 말을 믿지 않을 것이라고 이미 말했다). 그것은 누군가가 양초 위에 새겨 놓은 얼굴이 아니라, 움직이고 사고(思考)하는, 표현과 생명으로 가득 찬 진짜 얼굴이었다.

"나를 여기에서 데리고 나가지 말아 주세요!"

"뭐라구?"

"나를 이 방에서 데리고 나가지 말아 달라고 말했어요."

"그게 무슨 말이야? 나는 너를 가지고 나가야 해. 너는 촛불이야. 네가 할 일은 빛을 비추는 일이라구. 밖은 지금 캄캄해. 사람들은 발가락을 부딪히기도 하고, 또 벽을 향해 걷기도 하고 있어. 너는 나가서 그곳에 빛을 비춰야 해!"

"하지만 당신은 나를 데리고 나갈 수 없어요. 나는 준비가 되지 않았거든요." 그 촛불은 호소하는 눈빛으로 설명했다. "나는 좀 더 준비를 해야 해요."

나는 내 귀를 믿을 수 없었다. "준비를 더 해야 한다구?"

"예, 나는 나가서 많은 실수를 하지 않기 위해 빛을 비추는 이 일에 대해서 연구를 하기로 했어요. 당신은 훈련되지 않은 촛불의 빛이 얼마나 왜곡될 수 있는지에 놀라실 거예요. 그래서 지금 어떤 연구를 하고 있는 중이예요. 나는 바람에 저항하는 방법에 관한 책을 막 읽었어요. 지금은 심지를 세우고 보호하는 방법에 대한 강의 테이프를 듣고 있어요. 그리고 불꽃을 아름답게 보이는 방법에 대한 새로 나온 베스트셀러를 읽고 있는 중이라구요. 당신도 그것에 관해 들어 보셨어요?"

"아니."

"당신도 그것을 좋아하실 거예요. 그건 『설득력 있게 왁스를 입히기』라는 책이에요."

"정말 흥미있군." 그때 나는 정신이 들었다. '내가 지금 뭘 하고 있지? 내 아내와 딸들은 지금 어둠 속에 있는데 나는 여기서 촛불과 이야기를 나누고 있다니!'

"좋아, 그렇다면," 내가 말했다. "너만 선반에 남아 있겠다는 거지? 너를 끄고 다른 것들을 가지고 나가야겠다!"

그러나 곧 이어 다른 목소리들이 들려왔다.

"우리도 가지 않을 거예요."

그것은 공모(共謀)였다. 나는 다른 세 개의 촛불들을 바라보았다. 각각의 불꽃들이 작은 얼굴 위에서 춤을 추고 있었다.

촛불들과 말을 한다는 것이 터무니없는 일이라는 것을 전혀 깨닫지 못한 채 나는 점점 화가 나기 시작했다.

"너희들은 촛불이고, 너희들이 해야 할 일은 어두운 곳에 빛을 비추는 일이야!"

"아, 그건 당신 생각이에요." 왼쪽 끝에 있던 염소 수염을 단 길고 홀쭉한 녀석이 영국 액센트로 말했다. "당신은 우리가 나가야 한다고 생각하지만, 나는 바빠요."

"바쁘다구?"

"그래요, 나는 묵상 중이라구요."

"뭐야? 촛불이 묵상을 해?"

"그럼요, 나는 지금 빛의 중요성에 관해 묵상하고 있어요. 그것은 정말 계몽적이죠."

나는 그것들을 설득하기로 했다. "내 말을 잘 들어. 나는 네 녀석들이 하고 있는 일을 인정한다. 나도 묵상 시간을 갖지. 그리고 모든 사람은 공부하고 연구할 필요가 있어. 하지만 네 녀석들은 이미 여기에 몇 주간이나 있었다구! 그 동안이면 너희들이 심지를 똑바로 세울 시간이 충분하지 않았어?"

"그리고 너희 둘도 여기에 남아 있을거니?" 내가 물었다.

통통한 얼굴을 가진 키가 작고 뚱뚱한 자주색 촛불은 마치 산타클로스 할아버지가 말하는 것 같았다. "나는 내 활력이 한데 모아지기를 기다리고 있어요. 나는 충분히 안정되지 못했거든요. 나는 너무나 쉽게 화를 낸답니다. 당신은 나를 성미가 급한 녀석이라고 할거예요."

마지막 촛불은 여자의 목소리를 가지고 있었다. 그것은 아주 듣기 좋은 목소리였다. "나도 돕고 싶어요." 그녀는 설명했다. "하지만 나는 어둠을 밝히는 재능이 없어요."

이 모든 것이 많이 들어 본 소리였다. "재능이 없다니? 그게 무슨 소리야?"

"음, 나는 가수거든요. 나는 다른 촛불들이 더욱 밝게 타오르도록 격려하는 노래를 한답니다." 나의 허락을 구하지도 않고 그녀는 "나의 작은 빛이여"라는 노래를 부르기 시작했다(나는 그녀의 목소리가 정말 아름답다는 것을 인정하지 않을 수 없었다).

다른 세 촛불들도 가담하여, 그 벽장은 노래 소리로 가득 찼다.

"이봐," 내가 소리를 질렀다. "나는 너희들이 일을 하면서 노래하는 것을 상관하지 않아! 사실, 우리는 저 밖에서도 노래를 부를 수 있다구!"

그들은 내 말을 듣지 못했다. 너무 큰 소리로 노래를 부르고 있었기 때문이었다. 나는 더 크게 소리를 질렀다.

"야, 이녀석들아. 이 다음에도 시간은 얼마든지 있어. 우리는 지금 발등에 불이 떨어졌단 말야."

그들은 멈추려고 하지 않았다. 나는 선반에서 큰 촛불을 꺼내들고 뒤로 한 걸음 물러나 이 엉터리 같은 모든 일을 곰곰이 생각해 보았다. 네 개의 완벽하게 건강한 촛불들이 모두 빛에 대해서는 노래를 하면서도 벽장 밖으로 나가는 것을 거부하고 있는 것이다. 할 수 있는 노력은 다 해 보았다. 그런 후 나는 하나씩 하나씩 그것들을 불어 껐다. 그들은 끝까지 노래를 계속했다. 마지막으로 깜박이는 것은 그 여자 촛불이었다. 나는 "사탄이 나를 훅 불어 끄지 못하게 하세요"의 "훅" 부분에서 그녀를 껐다.

그리고는 주머니에 손을 찔러 넣고 그곳을 나왔다. 돌아가는 길에 나는 냉장고에 또 무릎을 부딪혔다. 그 다음에는 아내와 부딪혔다.

"촛불은 어디 있죠?" 아내가 물었다.

"그것들은…… 그것들은 일하려고 하지 않아. 당신은 도대체 어디서 그것들을 샀지?"

"오, 그것들은 교회의 양초예요. 마을 건너편에 문을 닫은 교회 생각 나세요? 거기서 그것들을 샀어요."

그때야 비로소 나는 이해할 수 있었다.

눈 먼 야망

먼지로 뒤덮인 평원 위에 끝이 보이지 않는 우뚝 솟은 탑. 그 광경은 정말 무시무시한 것이었다. 그것의 기초는 넓고 튼튼하지만, 잡초로 뒤덮여 있다. 그 탑을 쌓는 데 사용하려 했던 커다란 돌들은 땅 위 여기저기에 흩어져 있다. 양동이, 망치, 도르래 등도 버려져 있다. 그 구조물은 기다랗고 쓸쓸한 그림자를 바닥 위에 던지고 있다.

불과 얼마 전까지만 해도 이 탑은 열심히 일하는 사람들로 북적대고 있었다. 옆에서 구경하는 사람에게는 세계 최초의 초고층 구조물이 순조롭게 건설되고 있다는 사실이 무척 인상적이었을 것이다. 한 그룹의 노동자들은 방금 반죽한 시멘트를 가지고 바쁘게 움직였다. 또 한 팀은 가마에서 벽돌을 꺼내고 있었다. 세 번째 그룹은 그 벽돌들을 건축 현장으로 운반했고, 네 번째의 노동자들은 그것들을 어깨에 메고 나선식의 길을 따라 꼭대기로 올라갔다. 거기서는 계속해서 벽돌을 견고하게 쌓고 있었다.

그것은 인간의 개미탑이었다. 모든 노동자들은 각자의 임무가 무엇인지를 알았고 그것을 잘 수행했다.

그들의 꿈은 탑이었다. 지금까지 그 누가 꿈꾸었던 것보다 더 높은 탑, 구름을 뚫고 하늘에 닿을 탑을 꿈꾸었던 것이다. 그렇다면 그 탑의 목적은 무엇이었는가? 하나님께 영광을 돌리는 것? 아니다. 하나님을 발견하려는 노력? 아니다. 사람들로 하여금 하나님을 향해 위를 바라보도록 하기 위한 것? 그것도 아니다. 한번 더 기회를 주겠다. 그럼 하늘 가까운 곳에 기도하는 곳을 마련하기 위해? 틀렸다.

그 탑을 건립하려는 목적은 결국은 완성되지 못하고 도중에 실패로 끝나게 될 요인을 내포하는 것이었다. 방법은 올바른 것이었다. 계획도 효과적이었다. 그러나 동기가 잘못 되었다. 치명적으로 잘못된 동기였다. "탑 건립위원회"에서 발표한 다음 성명문을 읽고, 내가 말하고자 하는 것이 무엇인지 보기 바란다.

"자, 성과 대를 쌓아 대 꼭대기를 하늘에 닿게 하여 우리 이름을 내고(창 11:4)."

그 탑은 왜 건설되고 있었는가? 바로 이기심 때문이었다. 순전한 100%의 이기심이었다. 벽돌은 부풀어진 자아로 만든 것이었으며, 시멘트는 자만으로 만든 것이었다. 사람들은 하나의 기둥을 위해 땀과 피를 흘리고 있었다. 그 이유는 무엇이었는가? 그렇게 함으로써 누군가의 이름이 기억되도록 하기 위해서였다.

우리는 그것에 해당되는 적당한 이름을 가지고 있다. 바로 눈먼 야망이다. 모든 것을 희생해서라도 이루려고 하는 성공, 자기 시대의 전설이 되는 것. 꼭대기로 향하는 사닥다리를 오르는 것. 산 위의 왕. 언덕의 꼭대기.

"결국은 해냈어."

우리는 야망을 가진 사람들을 영웅으로 추대한다. 그리고 그들을 우리의 자녀들에게 모델로 제시하며, 잡지의 표지를 그들의 사진으로 채운다.

사실 그것은 잘못된 것이 아니다. 만약 하늘에 닿으려는 꿈을 가진 사람들이 없다면 이 세상은 슬픈 모습을 띠게 될 것이다. 야망은 평범함을 각성케 하고 꿈 속에 용기를 공급하는 역할을 한다.

그러나 그것을 점검하지 않고 내버려두면 권력과 명성을 향해 끝없이 탐닉하게 된다. 결국 그것은 짐승을 먹어치우는 사자처럼 사람들을 삼키는 굶주림이 되어 관계의 뼈다

귀만을 남긴다.

근시안적인 탑 건설의 고전적인 예들은 얼마든지 있다. 당신 역시 그것들을 너무나 잘 알고 있을 것이다.

출세를 위해 하루 12시간을 정신없이 뛰어다니며 자주 출장을 가는 것에 대해 미안하다는 말을 해야 하는 남편이 바로 그런 경우이다. "그것은 시간 문제일 뿐이야. 곧 기반이 잡힐거라구."

세 자녀를 두었으면서도, 위원회에서 일을 하거나 오찬에 참석할 기회를 좀처럼 놓치지 않는 사회적 관심이 많은 어머니가 그런 경우이다. "그게 다 좋은 일을 하자는 것 아닌가요?"라며 그녀는 자신을 어리석은 여자로 만든다.

"이번 한번만 그렇게 하면 될거야"라며 세일즈맨은 그가 판매하는 상품에 대해 거짓말하는 자신을 정당화한다. 그 모든 것이 탑의 꼭대기에 올라가려는 노력이다.

눈먼 야망, 왜곡된 가치관이다.

그 결과는 무엇인가? 폐허가 된 도시에서 바람에 이리저리 흩날리는 잡초처럼 목적지 없이 떠도는 뿌리 없는 삶, 버려진 꿈, 파괴된 가정, 바람에 휘몰린 미래이다. 그 모든 것에는 한 가지 공통점이 있다. 추종하는 자들에게 각서의 비명(碑銘)이 되는, 반쯤 끝낸 채 서 있는 탑이다.

하나님은 그것을 참고 그대로 내버려두지 않으신다. 그

때도 그러셨고, 지금도 그러하실 것이다. 그는 "하늘에 오르기 캠페인"을 손에 취하셨다. 그리고 한번의 쓸어버림으로 그 탑을 혼란에 처하게 하셨으며, 떠듬거리는 일꾼들을 각 방향으로 흩으셨다. 그는 인간의 가장 큰 업적을 취하셔서, 마치 꼬마가 민들레를 훅 불어 날리는 것처럼 눈먼 야망을 바람 속으로 날려 버리셨다.

 당신은 지금 어떤 탑을 세우고 있는가? 당신의 동기를 다시 한번 살펴보라. 그리고 바람 스치는 바벨탑의 기초석에 새겨진 다음과 같은 글을 기억하라. 눈먼 야망은 하나님으로부터 멀어져 재난으로 다가가는 커다란 발걸음이다.

경 고

　나는 미쳤었다. 정말로 미쳤었다. 당신이 놀라 입을 다물지 못할 정도로 미쳤었다. 그런데 나를 미치게 한 것은 바로 나 자신이었다.
　나는 며칠 동안 자동차의 계기판에 빨간 불이 들어오는 것을 보았다. 그런데도 계속해서 그것을 무시했다. 너무나 바빴던 것이다. "내일 자동차를 정비소에 맡겨야지." 그러나 그 내일은 결코 오늘이 되지 않았다. 그 불은 소경이 된 내 눈 앞에서 빨간 깃발을 흔들면서 계속해서 타올랐다. 뭔가가 잘못되었던 것이다. 그러나 나는 해야 할 일들이 너무나 많았다.

"이 다음 번에 또 그런 일이 있으면 정말 주의해서 살펴 봐야겠어." 나는 이렇게 중얼거렸다. 내가 흔들어대던 그 후래쉬 불빛은 다가오는 자동차들에게 마치 춤을 추는 부나비처럼 보였을 것이 틀림없다. 결과는 썩 좋지 않았다. 추운 겨울 밤에 나는 딸과 임신한 아내와 함께 브라질 어느 교외의 쓸쓸한 고속도로 위에 서 있었던 것이다.

축 늘어진 자동차 옆에 섰을 때, 내 입에서는 연신 하얀 김이 피어 올랐다. 나는 다시는 경고를 무시하지 않겠노라고 나 자신에게 약속했다.

경고. 그것은 우리에게 임박한 위험을 알려 주는 인생의 빨간 불이다. 그것은 삶의 어느 부분에나 존재한다. 사이렌 소리는 결혼 생활이 시큼해지기 시작하는 것을 알려 주고, 믿음이 연약해질 때는 경보가, 신호탄은 도덕이 타협되고 있다는 것을 우리에게 일깨워 준다.

그것은 죄의식, 의기 소침, 이성적인 판단 등 다양한 방법으로 스스로를 드러낸다. 우연히 친구를 만날 수도 있다. 성경 한 구절이 자극이 될 수도 있다. 짐이 너무나 무겁다는 것이 증거가 될 수도 있다. 그 경고가 어떻게 오든, 경고는 똑같은 목적을 가지고 있다. 경계시키는 것, 깨우는 것이다.

그런데 불행하게도 그것이 언제나 주의를 끄는 것은 아니다. 우리 모두는 바로 그런 순간에 귀를 막고 눈을 가리는 것을 익혔다. 우리가 그것을 무시하는 데 얼마나 숙련되어 있는가 하는 것은 정말 놀라운 일이다. 경고는 해머를 내리치는 것처럼 강력한데도 우리는 여전히 고개를 돌리고 휘파람을 불고 있다. 우리는 자신이 그 규칙에 대해 확실하게 예외적인 사람이라고 믿을 만큼 충분한 악당 기질을 가지고 있는 것이다.

마치 우리 뇌 속에 모든 경고를 차단해서 적당한 화일에 철하도록 명령하는 웅섭계원이 있기라도 한 것처럼 우리는 경고들을 쉽게 무시한다. 당신은 그 장면을 상상할 수 있겠는가?

"여보세요, 여기는 차단 부서입니다. 뭘 도와드릴까요?"

"예, 여기는 안전부입니다. 나는 루카도 씨에게 자동차를 너무 빨리 몰고 있다고 충고하려고 전화했습니다."

"미안합니다. 루카도 씨는 그런 경고를 고속도로에서 달려 본 적이 없는 '다른 친구'에게나 하라는 지시를 남겼군요."

또는,

"여보세요, 본부입니까? 여기는 건강부입니다. 루카도 씨에게 지금 절대적으로 휴식이 필요하다고 충고해 주십

시오."

"틀림없이 그렇게 하겠습니다……내일쯤에나."

또는 이럴 수도 있다.

"여기는 루카도 씨의 양심입니다."

"미안합니다만, 루카도 씨는 그의 시야를 넓히고 있는 중이며 따라서 당신의 전화를 받지 않겠다는 메모를 남겼습니다."

또는,

"여기는 가책부입니다. 나는 루카도씨가 24시간 이내에 야고보서를 읽어야 한다고 생각합니다. 그가 기억해야 할 두 가지 사실이 있기 때문입니다."

"그의 일정을 점검해 보지요…… 흠. 루카도 씨가 성경을 읽을 만큼 한가한 시간은 다음 달에나 있군요. 그 대신 몇 차례의 골프 시합 일정이 있어요. 골프 코스에서 당신이 그에게 말할 방법은 없을까요?"

심지어는 이런 경우도 있다.

"여기는 루카도 씨의 믿음입니다. 그에게 상기시켜 주어야 할……여보세요? 여보세요? 이상하군, 끊어져 버렸어."

나이아가라 폭포를 향해 떠내려가는 카누에서 조느라고 정신차리지 못하는 중에도 경고의 불빛은 계속해서 깜박

인다.

우리는 종종 이런 저런 삶의 재난에 놀라곤 한다. 그러나 만약 우리가 그 분별 없는 응접계원을 해고하고 그 전화들의 충고들을 따랐더라면 솔직히 많은 문제들을 피할 수 있었을 것이다. 일반적으로 우리는 그 매듭 주위에 문제가 있는 것으로 알고 있다. 그러나 타락한 그리스도인들은 경고의 불이 꺼지기 오래 전에 그것을 감지했었다. 원치 않은 임신이나 분노의 폭발이 한 순간의 잘못으로 말미암아 빚어진 것처럼 보일 수 있다. 그러나 사실 그것들은 임박한 불길에 대한 경고들을 무수히 무시한 결과이다.

당신은 타락에 가까이 와 있는가? 당신의 감각은 무디어져 있는가? 당신의 눈은 멈춰 서서 관찰해야 할 곳을 그냥 지나치도록 훈련되어 있는가?

그렇다면 당신은 당신의 경고 탐지기를 수리해야 할 필요가 있을 것이다. 성경이 말하는 다음의 몇 가지 훈계로 그것을 수리하라.

다른 사람의 일에 참견하는 것 :

길로 지나다가 자기에게 상관없는 다툼을 간섭하는 자는 개 귀를 잡는 자와 같으니라(잠 26:17).

하룻밤의 쾌락 :

음녀로 인하여 사람이 한 조각 떡만 남게 됨이며 음란한 계집은 귀한 생명을 사냥함이니라 사람이 불을 품고야 어찌 그 옷이 타지 아니하겠으며 사람이 숯불을 밟고야 어찌 그 발이 데지 아니하겠느냐(잠 6:26-28).

먼지로 덮인 성경 :

그러므로 모든 들은 것을 우리가 더욱 간절히 삼갈지니 혹 흘러 떠내려갈까 염려하노라(히 2:1).

당신이 추진하고 있는 은밀한 계획이 눈치 채이지 않고 시행되리라는 생각:

스스로 속이지 말라 하나님은 만홀히 여김을 받지 아니하시나니 사람이 무엇으로 심든지 그대로 거두리라(갈 6:7).

잘못된 배우자 선택:

다투며 성내는 여인과 함께 사는 것보다 광야에서 혼자 사는 것이 나으니라 (잠 21: 19).

험담의 해독:

남의 말 하기를 좋아하는 자의 말은 별식과 같아서 뱃속 깊은 데로 내려가느니라 (잠 26 : 22).

부주의한 친구의 선택:
속지 말라 악한 동무들은 선한 행실을 더럽히나니(고전 15 : 33).

그리스도를 부인함:
누구든지 사람 앞에서 나를 부인하면 나도 하늘에 계신 내 아버지 앞에서 저를 부인하리라 (마 10 : 33).

가정 교육의 부재:
아이를 훈계하지 아니치 말라 채찍으로 그를 때릴지라도 죽지 아니하리라 그를 채찍으로 때리면 그 영혼을 음부에서 구원하리라(잠 23: 13- 14).

그리고 경고를 무시하는 것에 대한 세 가지 경고:
사람의 영혼은 여호와의 등불이라 사람의 깊은 속을 살피느니라 (잠 19 - 17).
대저 명령은 등불이요 법은 빛이요 훈계의 책망은 곧 생명의 길이라 (잠 6 : 23).
교만에서는 다툼만 일어날 뿐이라 권면을 듣는 자는 지

혜가 있느니라 망령되이 얻은 재물은 줄어가고 손으로 모은 것은 늘어가느니라 (잠 13: 10).

하나님의 경고들이다. 모두 하나님의 감동으로 기록되었으며 오랜 세월을 두고 증명된 진리들이다. 당신이 원한다면 그 경고들은 당신을 향한 것들이 될 수 있다. 그것들은 당신의 계기판에 깜박이는 빨간 불이다. 주의를 기울이면 당신은 안전을 즐길 수 있을 것이다. 그러나 무시한다면 나는 길가에서 당신을 찾게 될 것이다.

아버지 날: 찬사

오늘은 아버지 날이다. 콜롱 향수의 날. 포옹과 새 넥타이, 장거리 시외 전화, 그리고 축하 카드의 날이다.

오늘은 내가 아버지 없이 보내는 첫 번째 아버지 날이다. 31년 동안 나에게는 아버지가 계셨다. 내 아버지는 최고이셨다. 그러나 지금 아버지는 계시지 않는다. 서부 텍사스의 한 공동묘지에 있는 참나무 아래 묻히셨다. 비록 가셨지만, 더욱 내 가까이에 계신다. 특히 오늘은.

그가 여기에 계시지 않는다는 것이 이상하게 느껴진다. 그것은 그가 계시지 않았던 적이 없었기 때문이리라. 그는 언제나 가까이에 계셨다. 언제나 필요하면 부를 수 있었고 언제나 곁에 계셨다. 그의 말씀은 결코 소설이 아니었다. 그의 업적들은 칭송할 만하기는 하지만 특별한 것들이 아니었다.

그러나 그의 존재는 과거의 사실이 되었다.

대저택의 따뜻한 벽난로처럼 그는 위로의 근원이었다. 현관의 튼튼한 흔들 의자나 뒷마당의 가지가 커다란 느릅나무처럼, 그는 언제나 찾아가서…… 기댈 수 있는 분이셨다.

나의 소란스러운 청소년 시절 동안에 아버지는 예측 가능한 내 삶의 일부분이었다. 여자 친구들은 왔다가 떠났지만 아버지는 언제나 거기에 계셨다. 축구 시즌이 야구 시즌으로 바뀌고 다시 축구 시즌이 되었지만 아버지는 언제나 거기에 계셨다. 여름 방학, 동창회, 수학 공부, 첫 번째 자동차, 집 앞에서의 농구…… 이 모든 것은 한 가지 공통점을 가지고 있다. 바로 아버지가 함께 계셨다는 사실이다.

그리고 그가 거기에 계셨기 때문에 삶은 부드럽게 영위되었다. 자동차는 언제나 잘 달렸고, 청구서는 청산되었으며, 잔디는 늘 깎여 있었다. 그가 거기에 계셨기 때문에 웃음은 신선했고 미래는 확실했다.

그가 거기에 계셨기 때문에 나는 하나님이 의도하신 대로 성장했다. 세계의 마술과 신비 중에서도 가장 위대한 이야기를 전하러 바쁘게 여행하는 사람이 된 것이다.

그가 거기에 계셨기 때문에 우리들 아이들은 소득세, 예금 잔고, 월말 청구서나 저당권 등과 같은 것들에 대해 걱정하지 않았다. 그런 것들은 아버지의 책상 위에 있는 일들이었다.

우리는 그가 없는 가족 사진을 많이 가지고 있다. 이는 그가 안 계셨기 때문이 아니라, 언제나 카메라 뒤에 서 계셨기 때문이었다.

그는 결정을 내리셨고, 싸움을 말리셨으며, 벽난로의 연기에 껄껄대고 웃으셨고, 매일 저녁 신문을 읽으셨으며, 일요일에는 아침 식사를 준비하셨다. 그는 특별한 일은 아무 것도 하지 않으셨다. 그는 다른 아버지들과 마찬가지로 일만을 하셨다.

그는 나에게 면도하는 법과 기도하는 법을 가르쳐 주셨다. 또한 내가 주일학교에 가서 외워야 할 성경 구절 암송을 도와 주셨으며, 나쁜 일을 하면 벌을 받고 착한 일을 하면 상을 받는다는 것을 가르쳐 주셨다. 그는 아침 일찍 일어나는 것과 빚을 지지 않고 살아가는 것을 모범으로 보여 주셨다. 그의 삶은 야망과 자기 수용 사이의 적절한 균형을 잘 보여 주는 것이었다.

가끔 아버지가 내 마음 속에 떠오른다. 아프터 쉐이브 스킨 향 내음을 맡을 때 나는 그가 생각난다. 참나무 보트를 볼 때 나는 그의 얼굴이 떠오른다. 그리고 가끔 재미있는 농담을 들을 때 나는 그의 껄껄대는 웃음 소리를 듣는다. 그가 껄껄대며 웃으실 때는 언제나 이가 드러나고 눈썹이 동그랗게 올라가곤 했다.

아버지는 나에게 섹스나 또는 그가 살아 온 이야기를 한 번도 해 주지 않으셨다. 그러나 만약 내가 원했다면 그는 그런 이야기도 해주셨을 것이다. 내가 해야 할 모든 일은 질문뿐이었다. 그리고 필요할 때마다 그는 언제나 거기에 계셨었다.

따뜻한 벽난로처럼.

어쩌면 그것이 바로 올해의 아버지 날이 약간 스산하게 느껴지는 이유일 것이다. 그 불이 꺼져 있다. 나이라는 바람이 황금빛 숯불만을 남기고 그 마지막 불길을 삼켜 버린 것이다. 그러나 그 숯불에는 이상한 것이 하나 있다. 그 숯불을 조금만 저어 주면 불꽃이 다시 춤을 추는 것이다. 그 것이 춤을 추는 시간은 아주 짧지만, 그가 여전히 살아 계신다는 것을 상기시켜 주기에는 충분하다. 마치 다시 일어난 불꽃이 잠깐이나마 차가운 공기를 녹여 주기에 충분하듯이.

패밀리 세단
(Family Sedans)

비범한 투수이면서도 그는 비범한 묘기를 별로 보여 주지 못했다. 21 시즌의 베테랑이면서도 20승 이상을 올린 것은 딱 한번 뿐이었다. 그는 무안타 게임을 치른 적이 한 번도 없었으며, 시즌 중 무패를 기록한 것도 딱 한 번뿐이었다 (ERA, 1980. 2. 21).

그러나 1986년 6월 21일, 돈 서튼은 서른 번째로 300승 투수가 됨으로써 야구 역사에 전설적인 인물이 되었다.

성공에 대한 그 자신의 분석은 주목할 만하다.

그는 자신을 "연마공과 장인"이라고 불렀다.

"나는 나 자신을 화려하거나 특별하다고 생각해 본 적이 없었습니다. 다만 나의 모든 삶은 나에게 주어진 일을 완수하기 위한 길이었을 뿐입니다."

그리고 그는 그 일을 해냈다. 20년 동안 네 번의 트레이드를 거치면서, 그는 투수에게 주어진 임무 즉 경기를 승리로 이끄는 일을 꾸준히 해냈다. 오직 한 가지 일에만 전념하면서 그가 보낸 21 시즌은 위대함이 무엇인가를 재정립해 주는 것이었다.

그는 모든 투수들 가운데서 "패밀리 세단"으로 불렸다.(「인사이드 스포츠」 1986년 10월호, p.10.). 그것이 함축하는 의미는 정확하다. 그는 데니 매클레인과 같은 멋진 페라리 승용차 스타일도, 샌디 쿠팍스와 같은 광택 나는 메르세데스 벤츠 스타일도 지니지 못했다. 그러나 그런 유형의 승용차들이 박물관이나 폐차장에 처분된 후에도 돈 서튼은 여전히 건재했다.

그는 우리에게 모든 위대함의 공통 분모가 되는 특성, 즉 마지막까지 최선을 다하는 모습을 상기시킨다.

성취의 평범한 특징이며 은퇴 연금과 명예의 전당에서 수여하는 상이나 50주년 기념 축제 등에도 들어 있는 성분, 그리고 덧없는 영웅주의가 아니라 불후의 삶을 산출하는 특징, 그것은 끝까지 최선을 다하는 끈기이다.

성경에도 패밀리 세단과 같은 사람들이 많이 등장한다. 다 아는 것처럼 그들은 하나같이 오직 하나님만이 주시는 확신에 의해 고무받았다. 그 결과 그들이 행하는 일은 분위기나 날씨, 또는 험난한 환경에 의해 결코 영향을 받지 않았다. 그들의 실적 그래프 곡선은 불규칙하게 오르내리지 않았다. 그들은 칭찬이나 갈채를 탐닉하지 않았으며, 까다로운 상급자나 텅빈 지갑에도 구애받지 않았다. 대단한 구경거리가 되기보다, 그들은 책임 있고 믿음의 지조를 지키는 사람들이 되기를 열망했다. 또한 그들의 충성이 안락한 가운데서 결정된 것이 아니었기에, 그들은 어두운 감옥에서도 마치 조명이 집중되는 강단에 서 있는 것처럼 충실했다.

끝까지 충성스러운 종들. 그들은 성경 전체를 통해 나타난다. 그들의 행위는 재차 거론되는 일이 거의 없으며, 그들의 이름은 좀처럼 언급되지 않는다. 그러나 하나님께 대한 그들의 충성스러운 헌신이 아니었다면 많은 위대한 사건들은 결코 일어나지 못했을 것이다. 여기 몇 가지 실례들이 있다.

안드레는 오순절 운동에서의 기조 연설자가 아니었다. 아마도 그는 진행자 명단이나 특별 순서에도 들어 있지 않았을 것이다. 어쩌면 계획 위원회에도 끼지 못했는지 모른다. 그러나 만약 그가 수년 전에 중요한 역할을 하지 않았더라면 능력 있는 설교자 베드로는 성급한 어부 베드로에 지나지 않았을 것이다. 안드레가 사도였음에도 불구하고 그의 이름이 언급되는 횟수는 놀라울 정도로 적다. 또한 그의 이름이 언급되는 곳조차 항상 똑같은 일, 즉 누군가를 예수께 소개하는 일을 하고 있다(요 1:42; 6:8, 9; 12:21, 22). 조명도 없고, 강단도 없고, 찬사도 없지만, 그렇다고 나쁜 평가를 받은 것도 아니다.

에바브로디도 역시 그런 사람 중 하나일 것이다. "에바브……무슨……도라구요?" 당신은 그렇게 말할지 모른다. 사도 바울에게 물어 보라. 그는 당신에게 정확한 발음을 가르쳐 줄 것이다. 뿐만 아니라 그의 특성을 세밀하게 말해 줄 것이다(빌 2: 25-30; 4:18).

바울은 이 여섯 음절의 이름을 가진 친구를 묘사하면서 "형제", "함께 수고한 자", "함께 군사 된 자", "사자" 등과 같은 간결한 단어들을 사용했다. 이런 유의 찬사는 흔히 볼 수 있는 젊은이들 모임이나 야외 소풍에서 주어지는 것이 아니다. 그것은 세월과 눈물을 대가로 치르고 받는 칭찬이다.

그러나 에바브로디도에 대한 바울의 최고의 찬사는 이 말을 훨씬 능가한다. "저가 그리스도의 일을 위하여 죽기에 이르러도," 무엇인가를 위하여 죽는다는 것이 무엇을 의미하는지를 알았던 바울은 희생을 결코 당연한 것으로 여기지 않았다. 그 구절을 기록한 후에, 그는 감옥의 벽에 등을 기대고 앉아 자신의 오랜 친구의 모습을 마음 속에 그려보며 미소를 지었을 것이다. 에바브로디도. 그는 이름보다 더 긴 끈기 있는 충성심의 소유자였다.

그녀의 머리는 백발이며, 피부는 주름살 투성이다. 그녀가 그 아기의 얼굴을 만질 때, 그녀의 손은 아마도 떨리고 있었을 것이다. 그러나 그녀의 말에서는 노쇠한 기미를 전혀 찾아볼 수 없었다. "이 아기가 바로 그 분이야. 메시아리구." 그녀는 알고 있었다. 왜냐 하면 이 날을 위하여 80년 동안을 금식하며 기도해 왔기 때문이다. 충성스러운 종들은 기도가 응답될 때 그것을 인식할 줄 알며 또한 응답되지 않을지라도 결코 포기하지 않는다.

나는 이 책이 오늘날의 끝까지 신실한 성도들의 손에 들려지리라고 생각한다. 그들을 향해 두 가지 사실을 말하고 싶다.

첫 번째는 감사하다는 것이다.
기도의 세대였던 많은 앞서 간 성도들에게 감사한다.
주일학교에서 헤아릴 수 없이 많은 공과를 부드러움으로

준비하여 가르쳐 준 선생님 여러분에게 감사한다.

다른 언어로 영원한 진리를 전해 준 선교사 여러분의 용기에 감사한다.

그리고 설교자 여러분에게 감사한다. 당신들은 우리가 경청하지 않는다고 생각했겠지만 우리는 듣고 있었다. 그리고 당신들이 고집스럽게 뿌린 하나님의 씨앗은 당신들이 결코 보지 못할지라도 열매를 맺고 있다.

일요일에 늘은 것을 월요일에 실행하려고 애쓰는 여러분 모두에게 감사한다. 당신들은 고아들과 함께, 타이프라이터를 치며, 위원회 모임에서, 병실에서, 가족들을 떠나, 그리고 삶의 현장에서 각각 헌신적인 시간들을 보내고 있다. 복음은 바로 당신의 충실함이라는 승용차를 타고 있다.

이 사회의 패밀리 세단이 되어 준 당신에게 감사한다. 당신은 추운 아침에 주문을 받을지라도 물건을 배달할 것이다. 힘한 지역에 보냄을 받을지라도 제 시간에 도착할 것이다. 당신은 차를 광택내지 않고도, 혹은 대단스레 정비하지 않고도 한마디 불평 없이 몇 마일을 갈 것이다. 당신은 해야 할 일을 하고 있을 뿐이다.

나는 두 가지를 말하고 싶다고 했다. 두 번째는 무엇인가?

던지는 일을 계속하라는 것이다. 영예의 전당에서 당신

에게 수여하는 상은 바로 근처에 있다.

생각 없는 비방

무분별함은 치료가 더딘 상처를 만든다.

누군가가 의도적으로 당신의 기분을 상하게 할 경우, 당신은 어떻게 반응해야 할지를 알고 있다. 왜냐 하면 당신을 아프게 하는 것이 무엇인지 알고 있기 때문이다. 그러나 누군가가 실수로 당신의 영혼에 상처를 낸다면 그땐 어떻게 반응해야 할지 판단이 서지 않게 된다.

직장에서 어떤 사람이 새로 부임한 상급자를 비난한다. 그런데 그 상급자는 당신의 절친한 친구이다. "오, 죄송합니다. 나는 당신들 두 사람이 그렇게 친분이 두터운 사이라는 것을 잊었습니다."

한 파티 석상에서 누군가가 뚱뚱한 사람들에 대한 농담을 한다. 그런데 당신 역시 뚱뚱한 편에 속한다. 당신은 마음이 씁쓸하면서도 점잖게 미소지으리라.

어떤 결정이나 행동 위에 비난하는 것은 개인적인 공격이 될 수 있다. "존, 당신 결정은 늘 형편없어."

어떤 사람은 당신의 더러운 빨래들을 공개적으로 빨아주겠다고 나선다. "수, 당신과 짐이 헤어지기로 했다는데 사실이에요?"

생각 없이 내뱉는 발언들. 생각으로만 남아 있어야 하는 생각들. 표현되어서는 안 되는 감정들. 군중 속에 수류탄처럼 부주의하게 던져진 의견들.

혹 당신이 이러한 경솔한 창살을 던진 사람에게 그 창살이 가져다 준 상처에 대해 말한다면, 그는 이렇게 말할 것이다. "오, 하지만 고의는 아니었어요……당신이 그렇게 예민할 줄은 몰랐군요!", 또는 "당신이 여기 있는 줄 깜빡 잊고 있었어요."

경우에 따라서는 그런 말들이 위로가 된다. 그러나 그 분별없는 비방들이 오랜 세월 고통을 가져온 한 악명 높은 가족으로부터 온 것임을 알게 될 때 당신의 위로는 그치게 될 것이다. 그 가장의 이름은 무엇인가? 이기주의이다. 그의 자녀들은 누구인가? 세 자매가 있는데, 이름은 **무관심**,

경멸, 그리고 **실망**이다.

이 세 마녀들은 인간 관계에 해악을 끼치고 사람들의 마음에 상처를 입히기 위하여 하나가 되었다. 그들의 무기 목록에 나타나 있는 것들은 사탄의 가장 잔인한 흉기들이다. 험담, 고자질, 원한, 조급함 등등…… 그리고 **핑계**라는 이름 아래 놓여 있는 것이 바로 이 "생각 없이"라는 해악이다.

그것은 너무나 교활하기 때문에 핑계라고 불린다. 혀를 한번 놀린 것 뿐이다. 기억이 깜빡 했을 뿐이다. 아무도 실족하지 않았다. 아무런 해악도 끼쳐지지 않았다.

그럴지도 모른다. 그러나 그렇지 않을 수도 있다. 왜냐하면 악의 없는 공격자들이 해를 끼치려는 의도 없이 행해진 일이라고 사과를 한다 할지라도 상처 입은 영혼은 극도로 당황한 채 굴욕을 느끼고 있기 때문이다. "만약 아무도 나를 해치려고 의도하지 않았다면, 나는 왜 그렇게 심한 상처를 입어야만 하는가?"

하나님의 말씀 중에는 혀를 부주의하게 놀리는 사람들을 위한 특효약이 있다.

혀는 곧 불이요 불의의 세계라 혀는 우리 지체 중에서 온 몸을 더럽히고 생의 바퀴를 불사르나니 그 사르는 것이 지옥불에서 나느니라(약 3:6).

입과 혀를 지키는 자는 그 영혼을 환난에서 보전하느니라(잠 21:23).

입을 지키는 자는 그 생명을 보전하나 입술을 크게 벌리는 자에게는 멸망이 오느니라(잠 13:3).

말이 많으면 허물을 면키 어려우나 그 입술을 제어하는 자는 지혜가 있느니라(잠 10:19).

그 메시지는 분명하다. 자신을 감히 하나님의 대사로 자처하는 사람들은 한가롭게 무익한 말을 할 여유가 없다는 것이다. "당신이 여기에 있는 줄은 몰랐군요"라든가, "이것이 그렇게도 예민한 문제인 줄은 몰랐어요" 등과 같은 변명은, 위대하신 의사를 따르며 닮아가는 자들이라고 주장하는 사람들이 하기에는 너무나 천박한 것이다. 우리는 그리스도를 닮아 가는 자들에게 우리의 혀를 지켜야 할 더 큰 책임이 있다.

다음과 같은 실제적인 발걸음들이 당신의 말에서 부주의한 단어들을 제거할 것이다.

1. 명예를 훼손시키는 농담을 결코 하지 말 것.
2. 다음과 같은 경우가 아니라면 결코 공개적으로 비난하지 말 것:

당신이 개인적으로 그 사람에게 이미 당신의 실망을 밝힐 경우

당신이 가지고 있는 불만에 대해 이미 그 당사자와 토론한 경우

당신이 공개적으로 비난을 하는 것이 절대적으로 필요하며 그것이 도움이 될 것이라고 확신하는 경우

3. 당사자가 있었다면 하지 않았을 이야기를 결코 하지 말 것

생각 없이 하는 비방은 우발적인 것이기는 하나 변명할 수 있는 것은 아니다.

어둠 속의 노래

다른 날 같았으면 나는 멈춰 서지 않았을 것이다. 그 번화한 거리의 대부분의 사람들처럼, 나 역시 그가 거기에 서 있는 것을 알아차리지 못했을 것이다. 그러나 내가 생각 중이던 어떤 것이 그가 거기에 있는 것을 알게 해주었다. 그래서 나는 걸음을 멈추었다.

나면서부터 소경이 된 사람이 기록되어 있는 요한복음 9장을 가지고 설교를 준비하느라 오전 시간을 막 보낸 후였다. 점심 식사를 마치고 내 사무실로 돌아가다가 그를 보았던 것이다. 그는 노래를 부르고 있었다. 그의 왼손에는 알루미늄 지팡이가 들려 있었고, 오른손은 앞으로 내민 채 구

걸을 하고 있었다. 그는 소경이었다.

그를 지나쳐 다섯 걸음쯤 가다가 어쩐지 위선스럽게 보이는 자신을 질책하며 그가 있는 곳으로 다시 걸어갔다. 나는 동전 몇 푼을 꺼내 그의 손위에 올려놓았다. "감사합니다." 그는 그렇게 말한 다음 일상적인 인사를 했다. "건강하세요." 아이러니컬한 바람이었다.

나는 다시 걸음을 옮겼다. 그런데 이제는 아침에 연구했던 요한복음 9장이 다시 한번 내 걸음을 멈추게 했다. "예수께서 길 가실 때에 날 때부터 소경 된 사람을 보신지라." 나는 그 자리에 서서 곰곰이 생각해 보았다. 만약 예수가 여기에 계셨다면 이 사람을 보셨을 것이다. 그것이 의미하는 것이 무엇일까? 그 의미가 확실히 잡히지 않았다. 그러나 한 가지 확실한 것은 나는 이제껏 그렇게 하지 못했다는 것이다. 해서 나는 다시 뒤로 돌아섰다.

자선을 베풀었다는 것이 나에게 그렇게 할 자격을 주기라도 한 것처럼, 나는 근처에 있는 자동차 옆에 서서 그를 지켜보았다. 그를 보라고 자신에게 요구하면서. 나는 단지 리오 데 자네이로의 번화한 거리에 서 있는 앞을 보지 못하는 거지가 아닌 그 이상의 무엇을 보게 될 때까지 거기에서 있을 작정이었다.

나는 그가 노래하는 것을 지켜보았다. 어떤 거지들은 동정심을 유발시키기 위하여 한쪽 구석에 쳐박혀 자신의 모습을 비참하게 보이도록 한다. 어떤 거지들은 마음이 아주 강팍한 사람들이 아니라면 더럽고 헐벗은 아기들을 보고 동냥을 해주리라 생각하며, 부끄러운 줄도 모르고 옆길 한 가운데에 담요를 깔아 놓고 그들의 아이들을 뉘어 놓는다.

그러나 이 사람은 그 어떤 것도 하지 않았다. 단지 그는 서 있었다. 그것도 꼿꼿이 서 있었다. 그리고 그는 노래를 불렀다. 아주 큰소리로. 그것도 아주 자랑스럽게. 우리 모두는 그 사람보다 더 많은 노래할 이유를 가지고 있다. 그러나 노래를 부른 것은 그 사람 하나뿐이었다. 그는 주로 민요를 불렀다. 언젠가 찬송가를 부른 것 같기도 하지만 확실히 기억나지는 않는다.

그의 허스키한 목소리는 왁자지껄한 소음에 묻혀 잘 들리지 않았다. 시끄러운 공장 안으로 들어가는 길을 작은 참새처럼, 혹은 고속도로 위에서 길을 잃은 새끼 사슴처럼 그의 노래는 문명과 순수함의 어색한 결합을 상기시키는 것이었다.

지나가는 사람들은 다양한 반응을 보였다. 어떤 사람들은 호기심을 가지고 태연하게 바라보았다. 또 어떤 사람들은 거북스러워하는 표정이었다. 그들은 얼른 고개를 돌리거나 멀찍이 돌아갔다. "오늘은 제발 혐오스러운 자들을 보지 않았으면."

그러나 대부분의 사람들은 그가 있는 것을 알아차리지도 못했다. 그들의 생각은 분주하며 그들의 일정은 빡빡하다. 그리고 그는……그렇다, 그는 그저 눈먼 거지일 뿐이다.

나는 그가 그들의 그 같은 반응을 볼 수 없다는 것이 정말 감사했다.

몇 분 후에 나는 다시 그에게 다가갔다. "점심 식사는 하셨어요?" 내가 묻자 그는 노래를 멈추었다. 그는 내 목소리가 나는 곳으로 고개를 돌려 나를 조금 비켜 지난 곳으로 얼굴을 돌렸다. 그의 눈은 눈동자없이 텅 비어 있었다. 그는 배가 고프다고 했다. 나는 근처에 있는 식당으로 가서 그를 위하여 샌드위치와 시원한 음료수를 샀다.

내가 돌아왔을 때 그는 여전히 노래를 부르고 있었으며 그의 손은 여전히 텅 비어 있었다. 그는 감사를 표하고는 가까이에 있는 벤치에 앉았다. 음식을 먹으면서 그는 자신에 대해 나에게 말했다. 28살이고, 미혼이며, 부모님은 살아 계시고, 일곱 명의 형제들이 있다고 했다. "당신은 태어날 때부터 소경이었나요?"

"아닙니다. 어렸을 때 사고를 당했어요." 그는 자세한 설명을 하지 않으려 했고, 나 역시 그것을 요구할 만큼 뻔뻔스럽지도 못했다.

비록 비슷한 나이였지만 우리는 몇 광년이나 떨어져 있었다. 나의 지나온 30년은 가족과 함께 떠나는 여름 휴가, 주일학교, 토론회, 축구, 그리고 위대하신 분에 대한 탐구 등으로 채워진 것이었다. 그러나 어둠이라는 제3세계 속에서의 성장은 이러한 것들을 하나도 제공하지 못했을 것이다. 나의 매일의 관심사는 사람들, 사상, 개념, 그리고 교제 등이었다. 그러나 그의 하루는 생존에의 관심, 즉 동전, 먹을 것 등과 얽혀 있었다. 내게는 좋은 아파트와 호텔에서와 같은 식사, 그리고 좋은 아내가 있다. 나는 그가 머물고 있는 집이 어떤 곳인지 생각하고 싶지 않았다. 이는 리오 네 자네이로의 산등성이에 있는 수많은 오두막집들을 보았기에 그 실상을 쉽게 짐작할 수 있었다. 그리고 누가 그를 맞이해 줄지…그가 집에 돌아갔을 때 그를 특별히 반겨 주는 사람이 있을까?

나는 그에게 속으로 속삭였다. "내가 당신과 다르다는 사실이 당신을 미치게 하지 않습니까?" "당신과 비슷한 연령의 다른 수많은 사람들과 당신의 처지가 왜 달라야 하는지를 생각하며 밤새 잠을 이루지 못한 적이 있습니까?"

나는 양복에 넥타이를 매고 새 구두를 신고 있었다. 그의 구두에는 구멍이 나 있었고, 그의 코트는 너무나 컸으며, 그의 바지는 무릎이 찢어져 있었다.

그럼에도 불구하고 그는 여전히 노래를 부르고 있었다. 비록 앞을 볼 수 없고 돈 한푼 없는 부랑자였지만, 그는 노래를 찾았고 그것을 용기 있게 불렀다(그의 마음 어느 방에서 그 노래가 나오는지……).

최후의 방편으로 그는 절망으로부터 노래를 부른 것이리라. 그의 노래는 그가 가진 모든 것이었다. 아무도 그에게 동전을 주지 않을 때일지라도 여전히 그는 노래를 가지고 있었다. 그는 너무나 평화로웠기에, 생존을 위해 노래 부르는 것처럼 보이지 않았다.

어쩌면 그는 무지로부터 노래를 부르는 것인지도 모른다. 아마 그는 자기가 아무것도 가지고 있지 않다는 것을 몰랐는지도 모른다.

그러나 그에게 있어서 적합한 동기는 당신 역시 예상할 수 있는 것으로, 만족으로부터 노래를 부르고 있는 것이리라. 어쨌든 이 눈 없는 거지는 만족이라고 불리우는 촛불을 발견했고, 그것으로 그의 어두운 세계를 비추고 있었다. 현실을 인정하는 것은 내일의 기쁨을 낳는다고 누군가가 그에게 말해 주었거나 아니면 스스로 깨달았을 것이다. 당신이 바꿀 수 없는 것을 받아들이라.

나는 우리 곁을 스쳐 지나가는 많은 얼굴들을 떠올려 보았다. 험상스러운 얼굴. 사무적인 얼굴. 굳은 얼굴. 가면 쓴 얼굴. 그러나 아주 작은 소리로나마 노래를 부르는 사람은 없었다. 각 얼굴이 그들의 마음 상태를 나타내는 게시판이라면 어떻게 될까? 얼마나 많은 사람들이 "절망적이야! 사업이 파산했어!"혹은 "비탄에 잠겼어, 도움이 필요해," 또는 "믿을 수 없어, 미칠 지경이야, 두려워"라고 말하게 될까? 사람들의 얼굴은 대부분 그렇게 말하는 것 같았다.

그 아이러니는 고통스러우리만치 놀라운 것이었다. 이 눈먼 사람은 이 거리에서 가장 평화스러운 사람이었던 것이다. 그는 학위도, 경력도, 미래도 없었다. 과연 이 도시에 있는 사람들 가운데서 잠시 동안이라도 이 젊은이의 평화와 자신들의 세계를 바꿀 의향이 있는 사람이 얼마나 될까? 아무도 없으리라. 놀라운 일이 아닐 수 없다.

"믿음은 어두울 때일지라도 노래하는 새이다."

나는 그 친구를 본래 있던 자리에 데려다 주기 전에, 나의 동정심을 말로 나타내려고 했다. "산다는 것이 힘들지요?" 가벼운 미소, 그는 다시 내 소리가 나는 방향으로 얼굴을 돌리고는 반응을 나타냈다. 잠시 머뭇거리더니 그는 이렇게 말하는 것이었다. "일하러 가야겠어요."

거의 한 블록을 다 갈 때까지 나는 그가 노래하는 것을 들을 수 있었다. 그리고 마음의 눈으로 나는 그를 여전히 볼 수 있었다. 그러나 내가 지금 보는 그 사람은 동전 몇 푼을 주었던 그 사람과는 다른 사람이다. 내가 지금 본 그 사람은, 여전히 앞은 못보지만 대단한 통찰력이 있는 사람이었다. 그리고 비록 나는 눈을 가진 사람이지만, 나에게 새로운 시력을 준 사람은 바로 그 사람이었다.

얍복강의 진흙탕 속에서

그는 족장들 가운데서 내노라 하는 도박꾼이었다. 능숙한 손놀림과 환상적인 발재간의 대가였다. 또한 원하는 것이면 무엇이든지 갈고리로 끌어오는 사람이라는 흉한 명성을 날렸다.

그는 장자권을 위해, 좀 둔한 그의 형 에서를 두 번씩이나 감추어 둔 카드로 속였다. 한번은 자기 아버지 앞에서 양털을 뒤집어썼는데, 그의 아버지 눈이 침침했기에 그 속임수는 특별히 비열한 것이었다. 그가 뒤집어쓴 양털은 그의 재간으로는 도저히 얻을 수 없는 선물을 가져다 주었다.

나중에 그는 장인의 가장 좋은 가축들을 횡령했으며, 아무도 보는 사람이 없을 때 자녀들과 가축들을 데리고 도망을 쳤다.

그렇다. 야곱은 심한 혹평을 받아도 싸다. 그에게 있어서는 언제나 목적이 수단을 정당화했다. 그의 교활함보다 더한 것은 그의 뻔뻔스러움이었다. 그의 양심은 그로 하여금 잠을 자도록 하기에 충분할 만큼 무감각했으며, 그의 발은 언제나 결과보다 한 걸음 앞서 나아갈 만큼 충분히 빨랐다.

그가 얍복이라고 불리는 강에 도착할 때까지는 그랬다.(창 32장). 그러나 얍복에서 그는 자신의 꾀에 넘어가고 말았다.

야곱은 거대한 몸집의 털복숭이 에서가 그를 만나러 온다는 소식에 접했을 때 얍복강 근처에 캠프를 쳤다.

야곱이 그의 형을 속인지 20년의 세월이 흐른 뒤였다. 야곱은 에서가 오랜 세월 동안 복수의 끓는 가마를 휘저어 왔다는 것을 잘 알고 있었다. 그는 고민에 빠졌다. 이번에는 그의 소매 속에 더 이상 아무런 계략이 들어 있지 않았다. 그는 결국 하나님과 직접 맞서지 않을 수가 없었다.

야곱은 대견스럽게도 그 문제로부터 도망치지 않았다. 그 이유를 궁금해 하는 사람들도 있을 것이다. 어쩌면 그는 도주하는 것에 신물이 났는지도 모른다. 혹은 매일 아침 수

상한 인물을 경계하는 것에 염증이 났는지도 모른다. 혹은 단지 자신이 그동안 너무나 저자세로 일을 처리했었다는 것을 깨달았기 때문인지도 모른다. 동기가 어떤 것이었든, 그것은 그로 하여금 어두운 데서 나와 홀로 얍복강을 건너 사실에 직면하도록 하기에 충분한 것이었다.

"얍복"이라는 히브리어 단어는 "씨름"을 의미하는데, 야곱이 거기서 한 일은 바로 씨름이었다. 그는 그의 과거, 즉 모든 악의 없는 거짓말과 책략, 남을 분개시킨 일 등과 씨름을 했다. 아울러 그의 상황, 즉 속임수와 교활함이라는 자신의 거미줄에 그 스스로가 걸린 상황과도 씨름했다. 그러나 무엇보다도 그는 하나님과 씨름했다.

야곱은 벧엘에서 사닥다리를 타고 내려와 그에게(혼자 내버림을 당해야 마땅했음에도 불구하고) 혼자가 아니라는 것을 확신시켜 주셨던 바로 그 하나님과 씨름을 했다. 그는 이전에 그에게 결코 약속을 어기지 않으리라고 보증하셨던 바로 그 하나님을 만났다(하나님이 약속을 어기셨다 해도 비난할 수 있는 사람은 없겠지만). 야곱은 그를 위해 준비된 땅은 여전히 그의 것이라는 것을 상기시켜 주셨던 바로 그 하나님과 마주쳤다(하나님은 우리의 삶 **때문에** 우리를 축복하시는 것이 아니라 우리의 삶에도 **불구하고** 우리를 축복하신다).

야곱은 하나님과 밤새도록 씨름했다. 얍복의 강둑 위에서 그는 자신의 실패의 진흙탕 속을 뒹굴었다. 그는 하나님을 대면하고서, 자신의 과거를 애통해 하고 새롭게 출발해야 할 필요를 절감했다.

야곱이 그것을 너무나 간절히 원했기에 하나님은 그의 결정을 존중해 주셨다. 하나님은 그에게 새로운 이름과 새로운 약속을 주셨으며, 특별히 그 강에서의 그 신비스러운 밤을 기억하도록 하시기 위해 야곱의 엉덩이를 비틀어 그를 절름발이로 만드셨다.

성경에서 과거의 잘못 때문에 하나님과 씨름을 했던 사람은 야곱만이 아니었다. 밧세바와의 만남 후에 다윗이 그렇게 했으며, 들릴라의 속임수에 넘어가 소경과 까까머리가 되었던 삼손이 그랬다. 엘리야가 "세미한 음성"을 들은 것은 그가 자신의 얍복강에 있을 때였다. 베드로는 닭 울음 소리가 그의 귓전에 울릴 때 자신의 죄와 씨름했다.

나는 우리 역시 강 언덕에서 보낸 시간이 있다고 생각한다. 우리의 수치스러운 행위들이 우리에게 되돌아오기 때문이다. 몇 가지 실례들을 원하는가? 다음 장면들을 생각해 보라.

● 부정(不貞)한 남편이 아내가 남긴 다음과 같은 쪽지를 손에

들고 탁자 곁에 서 있다. "더 이상 참고 견딜 수가 없어요. 아이들은 내가 데리고 갑니다."
- 스무 살 먹은 아가씨가 병원 진찰실에 앉아 있다. 아직도 그녀의 귀에는 의사의 목소리가 생생하게 남아 있다. "검사 결과는 양성입니다. 임신이에요."
- 한 사업가가 세무서에서 머뭇거리고 있다. "회계 감사 결과 당신이 법률의 허점을 이용하여 탈세했다는 것이 드러났습니다."
- 시험 중 다른 사람의 답안지를 훔쳐보다가 적발된 학생이 얼굴이 빨개진 채로 서 있다. "이 사실을 네 부모님께 알려야겠다."

우리는 종종 우리의 과거와 대면케 된다. 그것은 언제나 거북스러운 대면이다. 우리의 죄가 우리를 붙잡을 때 우리는 둘 중 하나를 해야만 한다. 도망치거나 아니면 씨름하는 일이다.

많은 사람들이 도망치는 것을 선택한다. 그들은 그럴 듯한 변명으로 그것을 쓸어 버린다. "나는 환경에 의한 희생자일 뿐이야," 또는 "그건 그의 실수였어", 또는 "잘못하는 사람은 나뿐만이 아니잖아." 그런데 문제는 그것이 결코 탈출구가 되지 못한다는 사실이다. 그것은 속이 들여다보이는 위장에 불과할 뿐이다. 당신이 검은 눈 위에 아무리 여러 겹의 화장을 한다 해도 그 속은 여전히 검은 것이다. 게다가 본 마음은 여전히 상처를 입고 있다.

야곱은 마침내 그것을 깨달았다. 그 결과 그는 우리가 본받을 만한 모범을 보여 주고 있다. 우리의 과거를 다루는 가장 좋은 방법은 바지를 걷어올리고 소매를 걷어붙인 다음 그것과 정면으로 맞서는 것이다. 다른 사람에게 책임을 전가하거나 잘못을 떠넘겨서는 안 된다. 둘러대거나 숨기려해서도 안 된다. 속임수를 써서도 안 된다. 우리는 우리의 주인 되시는 분과 마주쳐야 할 필요가 있다.

또한 혼자서 강을 건너 직접 하나님과 씨름을 할 수 있어야 한다. 그와 정면으로 맞설 수 있어야만 한다는 것이다. 홀로 떨어지면 실패할 수밖에 없다. 우리는 또 녹슨 마음의 가면과 때묻은 영혼의 가면을 벗고 우리의 가장 비밀스러운 죄까지도 알고 계시는 분 앞에서 정직해야 한다.

그 결과는 새롭게 되는 것이다. 우리는 야곱이 그랬다는 것을 알고 있다. 하나님과 대면한 후에 야곱은 새 사람이 되었다. 그는 새 날이 밝아올 때 강을 건너 새로 발견한 용기를 가지고 에서를 대면했다.

그럼에도 불구하고 그가 내딛는 매번의 발걸음은 고통스

러운 것이었다. 그의 뻣뻣한 엉덩이는, 떳떳하지 못한 거래는 고통을 가져온다는, 얍복 강에서 얻은 교훈을 되새겨주는 것이었다. 오늘 도박을 하면 내일도 도박을 하게 된다는 것을 명심하라.

혹 너무나 오랫동안 도박을 해 왔기 때문에 변화될 수 없다고 생각하는가? 야곱의 유산에서 용기를 얻으라. 하나님에게 있어서 특별히 더 악한 사람은 없다. 내노라 하는 도박꾼이 믿음의 사람으로 변화된다는 것은 쉬운 일이 아니다. 그러나 하나님에게 있어서 그것은 하룻밤의 일거리에 불과한 것이었다.

교수형의 경험

"여호와여 나의 종말과 연한의 어떠함을 알게 하사······"
-시 39:4-

 한번은 아브라함 링컨이 반역죄로 교수형을 선고받은 병사의 어머니의 탄원을 들어준 적이 있었다. 그녀는 대통령에게 사면을 청했고, 링컨은 그것을 수락했다. 그러나 그는 다음과 같은 글을 그 부인에게 전했다고 한다. "하지만 그에게 한 가지 교훈을 가르칠 수 있기를 원합니다. 나는 그에게 교수형을 경험케 해주었으면 합니다."

나는 아브라함 링컨이 무슨 생각을 하고 있었는지 알 것 같다. 바로 어제 나는 그 교수형의 아찔함을 경험했다.

우리는 동료 선교사의 집에서 일요일의 점심 식사를 하고 있었다. 식사가 끝난 후 아내와 우리의 친구 폴과 데비가 거실에서 이야기를 하고 있을 때 나는 주방에 있었다. 그들의 세 살짜리 딸 베스 앤은 우리의 두 살짜리 젠나와 함께 앞마당에서 놀고 있었다. 갑자기 베스 앤이 겁에 질린 얼굴을 하고 뛰어 들어왔다. "젠나가 수영장에 빠졌어요!"

수영장에 가장 먼저 도착한 것은 폴이었다. 그는 곧바로 물 속으로 뛰어들었다. 아내가 그 다음에 도착했다. 내가 도착했을 때 폴은 젠나를 물에서 구해 내 어머니의 손에 건네 주고 있었다. 젠나는 숨이 막혀 울면서, 기침을 하며 배에 가득 삼킨 물을 토해 냈다. 나는 울어대는 아이를 안아 주었다. 아내는 훌쩍이기 시작했고, 나는 식은 땀이 나기 시작했다.

그날 내내 아무리 그녀를 안아 주어도 만족스럽지 않았으며, 꼬마 베스 앤에게 아무리 감사해도 그것 역시 만족스럽지 않았다.(우리는 앤에게 아이스크림을 사 주었다). 나는 아직도 하나님께 어떻게 다 감사드려야 할지를 모르고 있다. 그것은 불과 몇 분 사이에 일어난 문제였다. 어쩌면 몇 초였는지도 모른다. 우리는 하마터면 그녀를 잃을 뻔했다. 생각만 해도 온 몸이 마비되는 것 같았다.

그것은 교수형의 경험이었다.

내 발 밑의 의자가 쓰러지면서 실제로 어떤 일이 일어나고 있는지를 깨닫게 해주기에 충분할 만큼 오랫동안 밧줄이 내목을 조였다. 그것은 정신차리도록 하나님이 뺨을 찰싹 때리신 것이며, 은혜로운 한대의 알밤이었고, 호된 자비였다. 그것 때문에 나는 지하의 가장 교활한 앞잡이들 중 하나인 친숙함이라는 앞잡이와 대면하게 되었다.

그것이 검은 보좌로부터 부여받은 사명은 분명하고 치명적인 것이다. "너의 희생자에서 아무것도 빼앗지 말아라. 단지 그가 모든 것을 당연한 것으로 생각하도록 만들어라."

그것이 몇 년 동안이나 나를 따라다녔는데도 나는 그것을 알지 못했다. 하지만 이제 그것을 알고 있다. 그것의 전술을 파악하고 그 존재를 감지할 수 있게 되었다. 그리고 그것을 몰아내기 위해 최선을 다하고 있다. 그것의 목적은 치명타를 입히는 것이다. 그것의 목표는 단지 우리에게 가장 소중한 것을 취해서 그것을 가장 평범한 것으로 만드는 것이다.

이 친숙함이라는 앞잡이는 경멸을 가져온다. 그러나 그것뿐이라고 생각하면 오산이다. 경멸은 그의 자손들 중 하나일 뿐이다. 그것은 또한 실의와 시간의 낭비, 그리고 더 많은 것을 향해 만족할 줄 모르는 욕망을 낳는다. 그것은 광채를 빼앗아 그것을 우중충함으로 바꾸어 놓는 전문가이다. 그것은 또한 하품을 발명했으며 단조로움 속에 콧노래를 넣어 두었다. 그것의 전략은 기만이다.

그것은 당신의 구원을 훔치려고 하지 않는다. 단지 당신이 그것을 잃는다는 것이 어떤 것인지를 잊도록 만들려고 할 뿐이다. 당신은 기도에 너무나 익숙해져서 기도하지 않게 될 것이다. 예배는 진부해지고 성경공부는 선택사항이 될 것이다. 시간이 지남에 따라 그것은 당신의 마음을 지루함으로 채우고 십자가를 먼지로 덮어, 결국 당신은 변화가 미치지 않는 곳에 '안전하게' 있게 될 것이다. 친숙함이라는 앞잡이가 성공한 것이다.

그것은 또한 당신에게서 당신의 가정을 훔치려고도 하지 않을 것이다. 오히려 그보다 더 심한 일을 할 것이다. 즉 그것은 가정에 친숙함이라는 우중충한 페인트를 칠할 것이다.

그것은 소중한 것들을 별볼일 없는 것들로, 화려한 시간들을 맥풀린 시간들로, 아름다운 낭만을 판에 박힌 일로 대체시킬 것이다. 또한 오래도록 추억 거리가 되어야 할 두 사람의 결혼을 옛날의 사건으로 간주해 버릴 것이다.

그것은 당신의 자녀들을 빼앗아가지 않을 것이다. 단지 당신으로 하여금 너무 바빠서 그들에게 관심을 갖지 못하게 만들 것이다. 천천히 하라는 그것의 속삭임은 가히 유혹적이다. 항상 내년 여름에 팀을 훈련시키자고 한다. 호수는 다음 주에나 가자고 하며, 조니에게 기도를 가르치는 것은 다음 주에나 하자고 한다. 그것은 당신으로 하여금 식구들이 제각각 식사하고 있다는 사실을 잊게 할 것이다. 그 결과 아이들에게 책을 읽어주는 것도, 함께 놀아주는 것도, 마음을 돌보는 것도 다 무시된 채 지나가게 될 것이다. 일상적이라는 독약이 당신의 감각을 모두 마비시켜 그 지경까지 이르게 한 것이다.

분만실에서 당신의 눈에 눈물을 흘리게 했던 당신의 아이는 어느 사이엔가 그렇고 그런 평범한 대상이 되어 버렸다. 당신이 인생의 성공을 향해 빠르게 질주하는 동안 평범한 대상이 되어 버린 당신의 아이는 당신의 삶 뒷좌석에 방치된 채 앉아 있다. 뭔가가 변화되지 않는다면, 누군가가 당신을 깨우지 않는다면 그 아이는 이제 그저 그런 타인이 되고 말 것이다.

교수형의 경험은 우리 모두에게 유익을 맛보여 준다.

내 책상 앞에 작은 두 딸의 사진이 있다. 그들은 서로 손을 잡고 수영장 앞에 서 있는데, 그 수영장은 작은 딸 아이가 몇 분전에 빠졌던 바로 그 수영장이다. 나는 하나님께서 잊지 말라고 깨우쳐 주신 대로, 아이들을 늘 기억하기 위해 그 사진을 날마다 볼 수 있는 곳에 둔 것이다.

  그리고 더 이상 아이들에 대해 소홀히 하지 않으리라는 것에 내기를 걸어도 좋다. 나는 더 이상의 교수형을 원치 않는다. 잠깐의 경험이라 할지라도.

카르멜리타

뜨거운 공기가 공동묘지 안에 있는 그 작은 예배당 안을 빽빽하게 채우고 있었다. 부채를 가지고 있는 사람들은 그것으로 적막을 깨고 있었다. 정말 많은 사람들이 모였다. 좌석이 모자라서 가져온 의자마저 금방 동이 났다. 나는 한쪽 구석에 서서 처음 보는 브라질식의 장례식을 조용히 지켜보았다.

예배당 한가운데 있는 대 위에는 그 전날 교통 사고로 목숨을 잃은 여자의 시신이 들어 있는 관이 놓여 있었다. 그녀의 이름은 도나 뉴사였다. 그녀는 우리의 첫번째 회심자들 중 하나인 세사르 쿠티노의 어머니였기 때문에 나는 그녀를 잘 알고 있었다. 관 옆에는 세사르와 그의 여동생, 다른 친척들, 그리고 카르멜리타라는 매우 특별한 이름을 가진 또 한 사람이 서 있었다.

그녀는 거의 검다시피한 짙은 피부의 키가 큰 여자였다. 이날 그녀의 옷은 간소했으며 그녀의 얼굴은 엄숙했다. 그녀는 깊숙이 들어간 갈색 눈으로 진지하게 그 관을 바라보고 있었다. 시신 곁에 서 있는 그녀의 태도에는 뭔가 고상한 것이 있었다. 다른 사람들은 울고 있었지만 그녀는 울지 않았다. 그녀는 다른 조문객들로부터 위로를 받으려고 하지도 않았다. 이상할 정도로 고요하게 거기에 서 있을 뿐이었다.

그 전날 밤, 나는 세사르가 도나 뉴사의 죽음을 카르멜리타에게 전하러 가는 어려운 임무에 동행했었다. 차를 몰고 가는 동안, 그는 나에게 어떻게 해서 카르멜리타가 그의 가족에 입양되었는지를 설명해 주었다.

20여 년 전에 세사르의 가족은 브라질의 내륙 지방에 있는 작은 마을을 방문한 적이 있었는데, 거기서 그들은 가난에 찌든 친척들과 함께 살고 있는 아홉 살짜리 고아 카르멜리타를 만나게 되었다. 그녀의 어머니는 창녀였고, 그래서 그녀는 아버지가 누구인지를 전혀 모르고 있었다. 그 아이를 보았을 때 도나 뉴사는 가엾은 생각이 들었다. 누군가가 나서지 않는다면 어린 카르멜리타는 사랑이나 관심을 받지 못하고 살아가리라는 것을 알았던 것이다. 도나 뉴사의 동정심 때문에, 세사르와 그의 가족은 새로운 식구를 데리고 집에 돌아오게 되었다.

공동묘지의 예배당 안에 서서 카르멜리타의 얼굴을 바라보며, 나는 그녀가 느끼고 있는 기분이 어떤 것인지를 상상해 보았다. 그녀의 삶이 어떻게 변했는가! 그녀의 마음이 혹 자동차에 올라타서 낯선 가족들과 함께 집을 떠나던 어린 시절의 추억을 더듬고 있지나 않은지 궁금했다. 한 순간 그녀는 사랑도 가정도 미래도 없이 버려져 있었으나, 그 다음 순간 그녀는 그 세 가지를 모두 갖게 되었다.

내 생각은 발을 질질 끄는 발자국 소리에 의해 중단되었다. 장례식이 끝나 사람들은 시신을 묻기 위해 예배당을 떠나고 있었다. 내가 서 있는 곳은 그 건물의 가장 구석진 곳이었기 때문에 나는 맨 마지막에 떠나야 했다. 밖으로 나가다가 나는 뒤쪽에서 들려오는 낮은 목소리를 들었다. 돌아보니 카르멜리타가 관 옆에서 조용히 울고 있었다. 그 모습에 감동한 나는 예배당 입구에 서서 그 감동적인 작별 인사를 바라보았다. 카르멜리타는 그녀의 양어머니와 마지막 시간을 보내기 위해 혼자 남아 있었다. 그녀의 눈에는 진지함이 서려 있었다. 그것은 마치 그녀가 해야 할 마지막 임무를 수행하고 있는 것 같았다. 그녀는 소리를 내서 울지도 않았고 슬픔으로 울부짖지도 않았다. 그녀는 단지 관에 기대어 마치 어머니의 얼굴을 만지듯이 그것을 부드럽게 어루만지고 있었다. 소리 없는 눈물이 그 윤기나는 나무 위에 떨어졌고, 그녀는 반복해서 이렇게 말하고 있었다. "**오브리가다, 오브리가다**"(고마워요, 고마워요).

감사의 마지막 작별 인사였다.

그날 나는 자동차를 몰고 집으로 가면서, 우리가 여러 가지 면에서 얼마나 카르멜리타와 비슷한가 하는 생각을 했다. 우리도 겁에 질린 고아들이었다. 돌봐 주거나 받아들여 주는 사람이 없었다. 그런데 우리 역시 동정심 많은 방문객, 우리에게 가정과 이름을 주신 관대한 부모에 의해 구조되었다.

우리의 반응은 정확히 카르멜리타의 반응과 같은 것이어야 한다. 우리를 구원해 주신 것에 대해 마음으로부터 감사하는 감동적인 반응이 있어야 한다는 것이다. 아무도 우리에게 단 하루의 시간도 주지 않았지만, 하나님의 아들은 우리에게 일생이라는 시간을 주셨다!

우리 역시 우리를 구원하신 그 분 앞에 조용히 서서 감사의 눈물을 흘리며 감사의 말을 해야 한다. 구조된 것은 우리의 몸이 아니라 우리의 영혼이기 때문이다.

정상을 바라보며

  이 책은 밤에 쓰여졌다. 황혼이나 저녁 무렵이 아닌 한밤중에. 잠자리에 들어야 할 시간이 지났다. 손님들은 모두 떠났고 집안은 고요하다. 아내가 잠이 들면, 나는 창고를 개조하여 만든 서재로 살며시 들어가 한밤의 친구(컴퓨터)와 인사를 나누고 글을 쓰기 시작한다. 집 아래편에서는 끊이지 않는 도심의 소음 소리가, 내 옆에서는 선풍기 도는 소리가 요란하다. 그 속에서 나는 빛 되신 분과 밤의 만남을 즐긴다.

  내가 본래 야행성인 것은 아니다. 글을 쓰기 위해 많은 날을 나는 졸음과 싸워야 했다. 나는 결코 심야에 일하는 사람이 아니다. 하지만 아버지로서의 임무와 선교사로서의 임무를 제대로 다하기 위해서는 대부분의 사람들이 "안녕히 주무세요"라고 인사 할 시간에 일을 해야만 했다.(물론 이른 아침에 일하는 것이 더 나은 여러 이유가 있었지만 그러기 위해서는 나를 침대에서 끌어내리기 위해 견인 트럭까지 동원해야 했을 것이다)

오늘 밤은 이 원고와의 마지막 만남이 될 것 같다. 이제 이 책은 영양 공급과 손질의 필요한 단계를 거쳐 시장에 내놓을 준비가 거의 다 되었다. 그것이 당신이 예상하듯이 기쁨과 슬픔 두 가지 모두의 이유이다. 아마 한밤의 친구가 무척 그리워질 것이다. 나는 늦은 밤 묵상을 하던 중에 여러차례 감격으로 인해 의자에서 내려와 감사의 무릎을 꿇곤 했다. 우리는 놀라우신 하나님을 섬기는 것이다!

최근에 나는, 우리가 길 떠날 준비를 할 때 우리에게 중요한 것을 상기시켜 줄 수 있는 통찰력 있는 이야기를 읽었다. 그것은 유럽의 어느 높은 산을 정복하기 위해 출발하는 일단의 등산가들에 관한 이야기였다. 눈에 뒤덮인 바위 투성이의 그 산 정상은 정말 놀랄 만한 장관을 뽐내고 있었다. 날씨가 좋은 날이면 최정상의 그 산은 왕이라도 된 양 지평선을 지배했다. 그것의 흰 정상은 감탄을 자아내고 영감을 불러일으키며 푸른 하늘 속으로 치솟아 있었다.

그런 날이면 그 등산가들은 가장 위대한 성과를 세웠다. 그 꼭대기는 흡인력이 있는 목적지처럼 그들 위에 서 있었다. 눈은 위를 쳐다보지 않을 수 없었고, 걸음은 기운이 넘쳤으며, 모두 한마음이 되었다. 그들은 여럿이었지만 하나가 되어 산을 올랐고, 모두가 똑같은 정상을 바라보고 있었다.

그런데 어느 날엔가 그 산의 정상이 보이지 않았다. 구름이 끼자 시원스럽게 푸르렀던 하늘은 우중충한 잿빛의 천장으로 바뀌었으며, 산꼭대기도 볼 수 없게 되었다. 그런 날이면 등산가들도 힘이 들었다. 눈은 아래를 내려다보게 되고 생각들은 저마다 다르게 된다. 목적지는 잊혀지고 기운도 빠졌다. 갑자기 피로가 몰려들고 불평이 길가의 가시처럼 그들을 찔러댔다.

우리도 그와 같지 않은가? 우리에게 꿈이 있는 한, 우리의 목적지가 보이는 한 오르지 못할 산이란 없으며 정복하지 못할 정상이란 없다. 그러나 우리의 비전이 사라지고 여행의 목적지를 볼수 없게 될 때, 그 결과는 그 여행만큼이나 맥빠진 것이 되고 만다.

생각해 보라. 산꼭대기에서 우리를 부르시는 그 나사렛 사람을 감추어 버린다면 무슨 일이 일어나겠는가?

등산가들이 등산을 멈추고 길가에 앉아서 불평하는 것을 들어 보라. 아무런 목표가 보이지 않는데 무엇 때문에 계속해서 진행한단 말인가? 약속의 땅에 대한 비전이 없는 순례자들은 자신들의 땅에 주저앉아 버린다. 그들은 캠프를 철수한다. 등산화를 간편한 신발로 바꾸고, 등산 지팡이를 새 안락의자와 교환한다.

그들은 그를 바라보는 대신, 안으로는 자신들을 바라보며 밖으로는 상대방을 바라본다. 그 결과는 무엇인가? 극도의 정서 불안, 다투는 가족, 휴식 없는 지도자, 울타리를 친 빌딩, 말뚝을 박아 경계를 삼은 영토. 어디에도 사생활의 침입은 없다! 각 사람과 각 가정에는 팻말이 걸려 있다. 근시안적인 그룹들이 그들의 의지가 되시는 분을 예배하기보다 상대방의 연약함을 주시함으로 인해 말다툼은 싸움으로 번진다.

우리가 무엇을 보느냐에 따라 우리의 모습이 결정된다는 것을 명심하라. 만약 우리가 우리 자신만을 보게 되면, 바울이 그리스도의 대적들을 묘사하는 데 사용했던 다음과 같은 말이 우리의 묘비에 기록될 것이다. "저희의 마침은 멸망이요 저희의 신은 배요 그 영광은 저희의 부끄러움에 있고 땅의 일을 생각하는 자라(빌 3:19). 인간은 창조주에 대한 비전 없이 이 땅에 살도록 지음받지 않았다.

그것이 바로 하나님이 우리에게 가까이 오신 이유이다. 우리로 하여금 그를 보도록 하기 위해서.

또한 그를 보았던 사람들이 결코 동일한 반응을 보이지 않았던 것도 그 때문이었다.

"우리가 그 영광을 보니"라고 한 제자는 외쳤다(요 1:14).

"우리는 그의 크신 위엄을 친히 본 자라"고 한 순교자는 속삭였다(벧후 1:16).

그들은 그 산 정상을 본 것이다. 그들은 속세를 떠나 높은 지역의 신선한 공기를 호흡했다. 그들은 어렴풋이나마 산봉우리를 보았다. 그리고 꼭대기에 도착할 때까지 멈추기를 거절했다. 그들은 예수를 보기 원했던 것이다.

나는 다음과 같은 정의로 이 책을 시작했다.: **가장 순수한 형태의 기독교는 오직 예수만을 바라보는 것이다.**

가장 순수한 형태의 기독교 예배는 오직 우리가 바라보는 그분을 닮아가는 것이다. 그의 크신 위엄을 바라보는 것, 그리고 그를 닮는 것……그것이 기독교의 모든 것이다.

이것이 바로 오늘날 그를 본 사람들이 결코 똑같지 않은 이유이다. 밥 에덴즈를 기억하는가? 그는 까다로운 수술로 시력을 찾게 되기까지 51년 동안 아무것도 보지 못하고 살았던 사람이라고 서론에서 말했던 사람이다. 그가 했던 다음과 같은 말은 주의해서 들을 가치가 있다.

"내게 친숙했던 것 중 하나는 잔디였어요. 나는 언제나 그것이 그저 폭신폭신한 보풀일 것이라고 생각했지요. 하지만 하나하나의 푸른 줄기를 보는 것, 나무처럼 자라는 내 팔 위의 하나하나의 털들을 보는 것, 그리고 하늘을 나는 새들을 보는 것…… 정말 완전히 새로운 삶을 시작하는 것 같았습니다."

비전을 갖는다는 것은 그것과 같은 것이다. 특별히 당신을 지으신 분에 대한 비전을 갖는다는 것은 완전히 새로운 삶을 시작하는 것과 같다. 그것은 또한 새로운 출생과도 같은 것이다. 사실 이 책에 영감을 불어넣어 주신 분께서는 새로운 시작과 좋은 시력이 분리될 수 없다고 말씀하셨다. "사람이 거듭나지 아니하면 하나님 나라를 볼 수 없느니라"(요 3:3).

하나님이 가까이 오셨다. 그가 정말로 자신이 말씀한 그 분이라면, 더 이상 당신의 시간을 쏟을 만한 다른 진리는 없다.

이제 당신만 괜찮다면 잠을 잤으면 한다.

맥스 루카도

　맥스 루카도는 글을 쓰는 설교자, 또는 설교하는 작가라고 할 수 있다. 그는 사랑스런 세 딸들의 아버지이며, 백만 원군(白萬援軍)과 같은 아내의 남편이다.

　그는 예수의 무덤이 비어 있었으며, 그의 약속은 결코 거짓이 아니고, 부활의 아침에 떠올랐던 태양은 결코 시들지 않으리라고 확신하는 사람이다. 그는 텍사스의 산 안토니오에 있는 오우코 힐스 교회에서 매주일 이 목수에 관해 설교하고 있다.

　맥스 루카도의 이미 발표된 베스트셀러「예수님처럼」「주와같이 길 가는 것」「하나님이 나를 버리셨다」「아주 특별한 너를 위하여 예수가 선택한 십자가」등은 기독교 고전으로 분류되고 있다. 성경의 진리와 일상생활의「단순한 심오함」을 그림처럼 기록하고 생생하게 묘사하는 그의 재능은 그를 미국에서 가장 유명한 기독교 작가들 중의 한 사람으로 만들어 놓았다.

이정선

　전남대학교 사학과와 총신대학교 신학대학원을 졸업하였다.

　역서로는「틸리」「여자, 창조, 그리고 타락」「당신의 자녀에게 하나님의 표시를 새기라」등 다수의 좋은 책이 있다.

나보다 나를 더 사랑하시는 주님

등록 / 2001. 7. 31

등록번호 / 제22-657호

2002. 2. 20. 개정 초판 발행

발행인 / 설영환

발행처 / 생명의샘

주소 / 서울특별시 송파구 삼전동 65

전화 / (02)419-1451

팩스 / (02)419-1452

ISBN 89-86751-07-0 03230

디자인 / 디자인치프 · 김명진 019-284-7248

*잘못된 책은 바꾸어 드립니다.